Derecho y Estado y fundamentos de Economía

Derecho y Estado y Fundamentos de Economía

Samuel Rangel Garrocho

Número de Control de la Biblioteca del Congreso de EE. UU.:   2013922342
ISBN: Tapa Dura   978-1-4633-7476-1
                   Tapa Blanda   978-1-4633-7478-5
                   Libro Electrónico   978-1-4633-7477-8

Para realizar pedidos de este libro, contacte con:
Palibrio LLC
1663 Liberty Drive
Suite 200
Bloomington, IN 47403
Gratis desde EE. UU. al 877.407.5847
Gratis desde México al 01.800.288.2243
Gratis desde España al 900.866.949
Desde otro país al +1.812.671.9757
Fax: 01.812.355.1576
ventas@palibrio.com
520418

ÍNDICE

BREVE INTRODUCCIÓN AL ESTADISTA DE LEGISLO PARA ELABORAR LEYES Y NORMAS PARA EL ESTADO

EL MUNDO DEL DEBER SER Y EL MUNDO DEL SER EN BASE DE CRITERIO DE LO RECTO NO SIEMPRE ES LO MAS EQUITATIVO O JUSTO SI NO LO MAS VIABLE
¿Por qué?

ESTADO Y SOCIEDAD EN UNA SIMBIOSIS DE INTERACCIÓN DE GOBERNADORES Y GOBERNADOS ACTUANDO EL MUNDO DEL SER Y EL MUNDO DEL DEBER SER

DEDICATORIA

Este libro está dedicada a cada lágrima a cada ideal, a cada pensador e idealista de la humanidad así como a su sociedad gobernada que clamaron por justicia de hermandad mundial, demos gracias por la:

LIBERTAD E INDEPENDENCIA

INTRODUCCIÓN

Debemos dar gracias por los grandes autores del compendio mundial y como legado de la humanidad que escribieron a favor del Estado, para explicarlo, pero la sociedad actual moderna necesita un primer motor llamado ideal, lamentablemente la sociedad está llena de vánales ideológicos mas no de realidades ideológicas que hagan a una multitud o sociedad dar el vuelco hacia la conciencia ciudadana apoyando a toda costa a sus gobernadores o estadistas de legislo. Y, para esto el Estadista de legislo debe saber legislar en base a una amplia experiencia y profundas reflexiones no solo en el bien del Estado sino en base también de la sociedad gobernada, pero para esto mismo no debemos ignorar que lo gobernantes son poetas guerreros que ensalzan sus espadas llameantes en sus papiros de gacelas de los escrito de sus plumas o sea guerreros que se han formado a través de décadas, tres a lo mínimo; y que por lo mismo requieren del devoto venero de su sociedad gobernada, y por lo mismo tienen que ser antecedidos por las garantías individuales del común del ciudadano de una sociedad en el amplio y estricto sentido: Es decir necesitamos el máximo de porcentaje de apoyo y de respeto al protocolo del venero en legislo para nuestros sapientes gobernadores por así decirlo del planeta Tierra ambiente y nicho ecológico que hace funcionar a la sociedad mundial en común, sus leyes y reformas a la ley y ley de norma. Si saneamos estas deficiencias de Gobierno se sanearía tanto la sociedad, la política, la economía y el Derecho Internacional y el Derecho espacial de los recursos naturales pertenecientes a nuestro sistema solar Terráqueo y Galáctico, o sea la convivencia social y fuera de nuestros límites de la Tierra. Mas no debemos ignorar que en el momento que se detiene la sociedad de evolucionar y de ser más compleja, esta sociedad misma muere, y por ende debemos hacer conciencia ciudadana mundial que el Estadista de Legislo es la piedra angular Constitucional para toda forma de gobierno como Capitalismo, Socialismo o Comunismo a si como sociedades religiosas y entre las más populares el Islam, Respeto base de la convivencia mundial Homo Sapiens Sapiens. La política es dictada cada vez mejor por gobernantes mas estimados y mas apoyados en todo sentido de los cuales emanaría el amor heroico y el respeto por su sociedad misma. El color de la piel es la simbología de que cada nación y raza humana formamos un todo como de la multiplicidad de colores en su combinación se forma el color blanco símbolo de la paloma de la paz el laurel de la Gloriosa Paz que también enarbola la Gloriosa ONU: del benemérito de la Américas, EL DERECHOS AL RESPETO AJENO ES LA PAZ.

En laureles esta tu Victoria Oh amada mía musa
de mi inspiración Nación Mundial Nostras.
Del Benemérito De Las Américas
Don Benito Juárez
DE TI FORJARE MI PAZ DE HERMANDAD MUNDIAL

Breve Introducción Al Estadista De Legislo Para Elaborar Leyes Y Normas Para El Estado

INTRODUCCION

La aplicación de las normas y su criterio de manejo siempre están supeditadas al criterio de la moral una fuerza potencial que da la energía para tomar una decisión basada en un ideal como el sentido de unidad en un dios bélico, o de una diosa de la fertilidad, o un dios de los sambíes; en fin la antigüedad fue marcada por el sincretismo de la voluntad de los dioses y de ahí el hombre como sociedad de regir su vida particular comenzó a legislar para regir su vida en relación con su prójimo ya siendo dejando el juicio a la voluntad de los dioses y comenzando a partir de ahí es como surge el mundo del Deber Ser y del Ser. El mundo del Deber Ser es la base moral de juicio que solamente reside en nuestra conciencia y que es una fuerza que nos arrastra independientemente del mundo del Ser; en el mundo del Ser es nada más la aplicación de la ley o el efecto del mundo del Deber Ser. Mucho se ha hablado y disertado de esta polémica de aplicación de ley y muchos optaron por seguir en mundo del Ser al aplicar la ley a un criterio humano pero esto es muy loable pues el ser humano en su intento de enaltecer a la justicia siempre da un mayor esfuerzo aunque de repente haya tropiezos pues no todos los legisladores piensan en el provecho de los demás al hacer las obras de Legislo. Es así como este libro te da las bases morales del mundo del Deber Ser para formarte un criterio de moral abstracto y de aplicación de ley basado en el criterio que te formes en tu carrera política, también te da una base de sustento de razón de por que debes de actuar siempre en base a la moral del mundo del Deber Ser y te plantea todo un razonamiento de la moral y del Estado motivándote a ser la Excelencia en el mundo del Estadista y del legislador. Esta obra fue escrita con el motivo de dar bases de fundamento de moral para el joven político que en su afán de grandeza y poder sepa que no es malo y que al gozar de estos privilegios debe servir mejor a su sociedad y pueblo gobernado. Se les recomienda a los futuros pupilos del escribano de legislo leer la Biblia por ser un libro milenario de conocimiento de diferentes sociedades y sus relaciones, y que además entre mas fue su fuerza moral y no amoral; basados en el mundo del Deber Ser tuvieron mayor proyección a través de la historia y sus sociedades a un subsisten como la hebrea y su legislador Moisés, o China y su pensador Confucio, o Mahatma Gandhi y su estrategia de la paz para liberar a toda una nación indefensa como la India. Mas aunando así de esta manera hablamos de la Dama de Hierro Inglesa Margaret Tacher y su intachable desenvolvimiento como un a Política de talla mundial y excelencia como enviada Diplomática en el mundo; y sin dejar de mencionar al Benemérito De Las Américas, a Don Benito Juárez y su frase celebre ""El Respeto Al Derecho Ajeno Es La Pax"". Joven De Legislo, Triunfa.

CONTRA PORTADA

No todos son capaces de comprender la magnitud de la fuerza que nos motiva a hacer las cosas la cual tiene repercucuiones no solo en nuestras vidas muy particulares; sino en las vidas de los que nos rodean. La Biblia lejos de ser un libro puritano de moral nos habla de un Estado fundado en el poder absoluto de un Dios y de sus legisladores en la metáfora de los profetas o videntes y de sus jueces o de los que ejecutaban la Ley Mosaica y su Tanaj o el Antiguo Testamento Judío. El ejemplo de otros pensadores como Moisés, Confucio, Mahatma Gandhi, Benito Juárez y La Dama De Hierro Inglesa Margaret Tacher son las pautas para todo aquel emprendedor en la política de Legislo que dese el poder de una Noción o ser uno de los precursores de una nueva ley mundial llamada RESPETO por el prójimo y por la vida misma; para esto el mundo del cual nos avocamos es el mundo del Deber Ser. Todos entendemos que el hombre necesita algo en que inspirarse para tener confianza pero la solución no es Dios; el hombre esta lleno de cualidades y de un poder sin igual que a través de proceso evolutivo lo adquirió. EL PODER SIN CONCIENCIA O MORAL CORROMPE.

DEDICATORIA

Este libro esta dedicado a los grandes pensadores de la humanidad así como líderes que enmarcaron la grandeza de la raza y especie humana, como: Sócrates, Platón, Aristóteles y Wiston Churchill.

EL MUNDO DEL DEBER SER

El mundo del Deber Ser y el mundo del Ser son dos incógnitas que para llevarse a cabo se necesita de integridad y de capacidad de entender las leyes, y no siempre es fácil pues hemos olvidado nuestros ideales que en un principio como civilización humana tuvimos para forjar esta actual civilización basada y fundamentada en derechos y obligaciones: Es verdad cada vez somos mas seres humanos y los estados de gobierno cada vez son mas cosmopolitas debido al auge económico en estas metrópolis y a la prosperidad que por el comercio impera en las polis; y en toda esta vanguardia de conocimiento tecnológico y sistematización de los medios masivos de producción se tiene que legislar leyes que concedan derechos a la población mundial de cada gobierno haciendo así una diversificación y aglutinamiento compendiado de experiencias para gobernar y donde el mundo del Deber Ser es cada vez mas olvidado para pasar a un mundo meramente materialista, el mundo del Ser: Es cierto no se puede vivir de sueños o de ideales sin perseverancia y constancia aunando a la tenacidad; pero ahora actual siglo veintiuno la conciencia impera aunado a la razón y el dialogo entre estados de un gobierno es crucial para la empresa en dirección de una nación o de un gobierno de derecho internacional y mundial. Todos anhelamos justicia y todos anhelamos prosperidad; todos queremos ver el sol una vez mas cada día; y la palabra clave es ""todos"", pues como pueblos mundiales no podemos dejar la dirección de un país a un numero finito de gobernantes pues es deber del ciudadano cooperar en base a su derecho de garantías individuales con sus obligaciones morales. No solamente el mundo del Deber Ser fue traído por un ideal de un grupo de lideres que legislando por el bien común trajeron como regla la obligación moral basada en la hegemonía moral de una nación compélanlo así a las naciones del mundo en un credo de unidad moral por el bien común o sea un ideal; es cierto lo sublime de un Dios nos une en una unidad de alta moral infundiéndonos confianza, valor y eliminando nuestras barreras de apreciación con el trato a nuestros congéneres pero esto fue para otras civilizaciones donde la brutalidad e inconciencia reino y donde fue necesario el ideal de un Dios que ama y que perdona nuestros errores y que con esperanza ve un mejor futuro o sea fortaleza moral de convicción basada en la verdad, integridad y misericordia no solo con el trato entre seres humanos sino con la vida vegetal y animal de este planeta Tierra es así que es tiempo de pasar a nuestro tercer grado de evolución mental de Homo Sapiens Sapiens al Ser Humano ideal del Súper Hombre donde reinen los valores morales de Amor, Gozo, Paz, Paciencia, Bondad, Benignidad, Fe, Mansedumbre y Templanza aunando así las cuatro virtudes cardinales como: Coraje, Valor, Justicia y Templanza o sea valores morales de alta calidad de vida donde el campesino o el obrero y el mandatario se puedan saludar con el valor humano de respeto y con la igualdad como especie humana o sea el mundo del Deber Ser donde ya no es necesario el pánico a un Dios por el pecado y la condenación del infierno y también el ser castigados por nuestros actos desviados a una moral ideal pues en su tiempo fue necesario como una muletilla a la barbarie de las pasadas edades premodernas y actuales del genero humano. El mundo del Ser debe estar basado en un ámbito de criterio general y a la vez de criterio cerrado basado en la justicia de coherencia de conciencia del ciudadano de cualquier nación del mundo: No todos lo seres humanos tenemos las mismas capacidades intelectuales ni medios para desarrollar estas virtudes y por lo tanto debemos tener en consideración a los mas débiles tanto moral, intelectual como físicamente; para legislar en el mundo del Ser con integridad y justicia. Es así como el ser humano navega en tres etapas legislativas de derecho basadas en ideal divino como son la fase idolatrita del dios de piedra que juzga y que solamente le habla a sacerdotes, emperadores y clase noble legislativa; la fase de la divinidad abstracta donde este dios lo llena todo y es un ente universal en el cual somos y nos movemos e intuitivamente somos dirigidos por este dios llamado fuerza causal de justicia y la tercera fase es el Superhombre basado en los mas altos valores morales e ideales pero no sin olvidar su fase primitiva instintiva la cual le concede a este ser humano el instinto de supervivencia, reproducción, alimentación y vestido; es así como la fase culmine de la evolución del ser humano del mundo del Ser será cuando este alcance su máximo grado de conciencia de convivencia en un ámbito de paz en un trabajo en conjunto de cadena de eslabones donde esta misma es tan fuerte como la unidad ""valor moral"". No puede haber estructura sin fundamento y el motor que los hace trabajar; es así como el mundo del Deber Ser y el mundo del Ser trabaja en una simbiosis de justicia y de tolerancia o misericordia al emitir un juicio. ¿Que es el mundo del Deber Ser? Todo comienza con el símbolo de Poder y la inspiración del máximo emblema de un Estado el ideal de un vida y sociedad con justicia y la humildad de reconocer que hay fuerzas mas allá de nuestras capacidades humanas por lo cual estructuramos una conciencia de lo sobrenatural o deidad adjudicándole a este mismo virtudes sobremorales que levan a la calidad de dioses a los elementos naturales que es su magnanimidad dan el elemento de imparciales y por ende son un emblema de justicia del mundo del Deber Ser o de un dios o dioses reflejados en la moral ideal de ética de una unidad o eslabón sin el cual esta cadena dejaría de ejercer su función primaria de unir o dar cohesión a un Estado de Gobierno en base a un eslabón. El mundo del deber Ser apela a millones de años de evolución donde solo las sociedades mas adaptables a los cambios modifican su estructura de organización simbiótica para sobrevivir; no podemos hablar de un Poder Supremo que nos dirige pero si de un ideal que bajo fuerzas titánicas como amor, justicia, fe, esperanza y preservación de la especie son el motor de esta sociedad mundial la ""Justicia"". Pensemos pues para que es la justicia y lejos del valor ideal que de una moral religiosa o confusa no es la rectitud de pleno acto sino la preservación de una especie para no caer en la anarquía gubernamental de Estado de Gobierno y por ende el exterminio de una sociedad inteligente es así como todo lo reducimos ""evolución"". ¿Cuál ha sido el error de esta actual sociedad moderna? El error de esta sociedad moderna sido olvidarse del mundo del Deber Ser o del Amplio Criterio de Evaluación de acto por el cual se emitió una acción que se compele a una sanción de 1 ero. Grado, 2 segundo Grado o 3 er. Grado pero sin una evaluación de intención de acto donde es imposible que el latrocinio de acecinar a un ser congénere se equiparable a robar un juguete en una tienda de juguetes privando así en ambos casos de la libertad al delinquíente en mayor o menor grado; en un juicio la imparcialidad debe estar basada sobre la conciencia de acto del trasgresor basado en el mundo del Deber Ser o su ideal de moral solo y si es cuando podremos evaluar si su reeducación y regeneración de su psique tendrá que purgar condena de privación de libertad aislándolo para en un juicio de reflexión este dlinquiente apele a la razón del por que le pasa lo que le pasa por eso es tan importante la tolerancia o la misericordia que dota a las leyes de un carácter de inmaculidad de proceso divino de juicio y donde el procesado acepta de buena ley el dictamen de un juez y en el caso fortuito contrario a este razonamiento el procesado purgara una condena sin conciencia de acto y sin la clara convicción de que transgredió una ley de acto por lo mismo vemos a una sociedad fracturada en su mas mínimo componente o eslabón de cohesión sociológica y la causa de ingobernabilidad aquí la tenemos la ""injusticia"" y la ""desigualdad imperante de oportunidad"". Es necesario que la sociedad gobernante y la sociedad gobernada este basada en los más altos valores morales de igualdad pero también de conciencia de pertenencia y del por que unos ciudadanos imperan en el goce de mas privilegios de economía que otros, hablando aquí de ""conciencia ciudadana"" o el mundo del Deber Ser es así como la conciencia el mas alto grado de idealismo nos conlleva a una querella interior por una ley blanca de justicia basada en la tolerancia y de que no solamente los gobernados merecen una oportunidad de tolerancia de acto sino también los gobernantes, pues todos somos eslabones en la cohesión social y de una sociedad de gobierno en la que todos somos gobernantes desde la mínima compocision de el Estado ""La familia"" hasta el Ejecutivo imperante de autoridad de una Republica Demócrata pues todo en esta sociedad es una delegación de autoridades y de poderes debido a la progresiva complejidad de la sociedad actual mundial. En el mundo del Deber Ser la abnegación promueve un emblema de tolerancia donde no cualquiera puede ostentar el cargo de Ejecutivo de Gobierno, primero por la calidad moral y segundo por la cualidad virtuosa de capacidad intelectual es así que un peón no puede apelar a un cambio en su gobierno sino esta debidamente informado de todo en su mínima composición pues también es deber del gobernado fungir como fuerza productiva y no de intelecto legislativo y menos Ejecutivo y Gubernamental y todo nos conlleva a lo mismo el equilibrio ante lo justo de percepción de bondades por el de libertad de vida pero en una sociedad donde el materialismo es imperante los peones quieren ser presidentes y los delinquí entes quieren tener derechos y mas aun los corruptos e ignorantes quieren impartir justicia delegando y extraorbitando las capacidades de los lideres gubernamentales a la capacidades de seres divinos que no necesitan comer ni dormir ni reproducirse; esto nos conlleva a que la sociedad esta imperada por el latrocinio de la gula mental que embrutece su capacidad de entendimiento y donde solamente un acto los conlleva a la claridad mental; lamentablemente este acto no puede ser muy afortunado así pues vemos que la ""conciencia"" es el acto mas grande del ser humano que lo ha introducido por la puerta de la gloria en la cúspide como especie de abolengo al ser humano por lo cual el mundo del Deber Ser no debe ser estimado como algo pasajero y transitorio para una sociedad que ya incursiono en el espacio sideral o Vía Láctea sino mas aun hacer hincapié en la formación cívica del ciudadano Republicano Demócrata con valores en la realidad y no en la superstición religiosa cristiana o pagana sino en la supremacía de una sociedad imperante de cohesión moral y sociológica económica de igualdad y también para evitar la movilización de masas humanas a los países potencia o súper tecnológicos dando así un equilibrio al ecosistema mundial sociológico humano de nuestra civilización. El todo inmiscuye una ecuación matemática perfecta donde $x + y = 1$ incluye una ecuación lineal hacia el infinito y mas allá donde no hay punto de retorno y donde la evolución nos enmarca que si queremos preservar nuestra especie y sociedad tenemos que evolucionar como sociedad y de una sociedad de consumo a una súper civilización de innovación tecnológica y de preservación de la especie humana de gobernados y de gobernantes, y esto nunca va a dejar de ser: Todo esto apela a que en el proceso de equipara razonamientos y parámetros de criterio del legislo de normas y leyes en base al mudo del Deber Ser debe cohesionarse en un ideal de ""visión"" y no precisamente en una nueva religión espacial sideral, No; sino en un ideal de justicia no de defensor sino de lo recto o adecuado para la supervivencia de la especie humana; tal vez y digo así, por que habrá momentos en los cuales no será muy ético sobreponer normas a leyes pero si algo nos ha enseñado nuestra civilización humana es que en la flexibilidad compele la superación y supervivencia de nuestra especie para la modificación y adaptación en el medio en el cual nos desenvolvemos tanto terrestre como en la colonización de otros planetas: Y es natural si la cadena es tan fuerte como un eslabón por ende todo eslabón es cadena o sea con la capacidad de dirigir y de emblemar un acto justo en su momento como la contradicción de un sacrificio que conlleva a la demencia pero que inspira a muchos en un ideal fortuito es así mis muy apreciables legislaos que un Rey emblema un acto de justicia a un en contra de su propia vida inspirando a toda una nación hablando del mundo del Deber Ser o de su contradicción de acto de sacrificio en base al mundo del Ser o su base el materialismo. Tenemos que pensar que la base de una sociedad son sus líderes o aquellos que embleman la justicia como un ideal, según Sócrates todo parte de una idea o de el mundo de las ideas que son el motor de todo acto animal, vegetal o racional entonces para cambiar a una sociedad hay que cambiar el motor de sus actos y el motor de sus intereses, no olvidando sus necesidades y para esto necesitamos lideres con la capacidad de levantar una flor y con la capacidad de apagar un volcán en erupción o la imparticion de justicia patronal de un sistema capitalista con directriz al libre comercio de igualdad de beneficios en proporción a inversiones, impuestos o aranceles para una equitativa distribución de las riquezas materiales que conlleva a la erradicación de emancipaciones sociales, derrocamiento de gobiernos y levantamientos de nuevas formas de gobierno debilitando así a la estructura de Estado de gobierno y fracturando a la sociedad y dividiéndola en la injusticia social de diferentes clases económicas trayendo así su degeneración como sociedad organizada basado en derechos y obligaciones y por ende su exterminio. Ante todo esto el pensar que un gobierno mundial va a florecer y que se van a eliminar fronteras estatales y que va a haber dinero para todos son meramente vanidades ilusorias pues nadie en el planeta Tierra tiene la capacidad de organizar a una multiplicidad de razas étnicas con diferentes dialectos y lenguas oficiales pero si podemos pensar en una confederación de naciones terrestres donde halla un senado de un hombre por pueblo donde la mayoría de elección avale la mayoría de votos basados en la conciencia de beneficios y tal vez no muy éticos pero valederos para la especie humana y su prolongación como especie de supremacía de ecosistema terrestre. Hay tanto que hablar del mundo del Deber Ser que como dijo el Gran Filosofo Socrático ""Yo solo se que no se nada"" y en este dictamen de conciencia es en lo que debemos basar nuestro acto de conciencia consuetudinario la """humildad""" pues el pensar en conquistar para obtener y no en el ayudar para fortalecer nos dice por ende que como sociedad no estamos listos para la supremacía del conocimiento por que el poder o conocimiento sin conciencia recta de acto o lo muy religiosamente llamado hacer las cosas por amor solamente destruye por que el conocimiento sin conciencia solo destruye y posee por la fuerza que es un placer muy primitivo reptiliano basado en el apetito de gula insaciable de una baja moral o amoral; a que nos conlleva todo esto o que podemos aprender de millones de años de evolución biológica que la unidad moral o hegemonía moral infunde valores tan altos que hacen de una sociedad primitiva una súper civilización blanca de ley donde solo habrá policía militar espacial y donde el infractor de delito menor con valor civil moral solo pagara su multa sin presión policíaca o sea una sociedad de paz pero con una potencia militar y de armamento con la capacidad nuclear para exterminar a una Galaxia o sea la capacidad de un Estado de Gobierno por metafórico de levantar una flor y la capacidad de apagar un volcán en erupción o sea ""Justicia Emblemática"" ya no de obligación sino de convicción meramente moral. El poder de un dios que solo con la mirada impone respeto y que con su diestra gobierna un imperio y que con la misma el bullicio de una multitud acalla para oír su veredicto; ¿Basado en que? En su integridad y sacrificio por su pueblo y en el poder de su razonamiento de acto de justicia, virtudes por las cuales millones darían la vida por su Gobernante sin pensar basado en un nacionalismo de supremacía moral de preocupación por el gobernado de hecho y no meramente de promesas basado en la altilocuencia dogmática de demagogia parlamentaria o partidista, es así que se necesitan las cualidades de un Gobernante de humildad y de sacrificio; humildad para levantar una flor y de sacrificio para desafiar a un volcán en erupción aun que en esa empresa conlleve la vida misma a perderla por una nación. En si el mundo del Deber Ser compele a todos y por así decirlo en este ecosistema emblemático de superciencia hasta una flor coopera con el néctar de la miel que una abeja deposita en su panal donde desde el que limpia las calles de una nación es tan importante como el que dirige esta nación misma o sea un oficio por mas remunerado o menos remunerado que sea no deja de ser tan importante o menos importante por su efecto de impacto en cooperación o ayuda como una escudería de guerreros espartanos que actúan como un solo hombre protegiéndose entre si como el eslabón de una cadena en símil a una hormiga que por mas sencilla que sea su labor o ayuda no por eso es mínima o insignificante es así como cada quien debe estar consiente de la labor que desempeña y de su importancia; ¿el premio? La grandeza de su nación y la herencia para sus hijos y los hijos de sus hijos y así paulatinamente y sucesivamente y por ende la preservación del Estado de Derecho de una nación. La navegación de una nave en alta mar siempre es comandada o por un almirante o por un muy experimentado primer capitán y estos hombres extraordinarios no lo saben todo y es cuando se tiene que actuar con su sexto sentido o su capacidad intuitiva de razonamiento; a veces no se puede saber todo pero basándose en la prueba y error y en la mutua confianza entre gobernantes de diferentes rangos y el pueblo gobernado se puede llegar al mutuo entendimiento para la conciliación de intereses basado en el derecho y la obligación de legislo. En el mundo del Deber Ser como su nombre lo indica es un compromiso moral que antecede hasta nuestros primeros orígenes desde que el primer organismo pluricelular se organizaba para su supervivencia y es así como el ser humano en el proceso evolutivo se fue organizando para su supervivencia basándose en valores de organización primitiva social llegando a la horda, clan y tribu poniendo valores como la lealtad o el respeto para mantener su hegemonía social y valores que después fueron elevados a ideales a través de la meditación y de la reflexión en base a experiencias pasadas de organización primitiva social; es así como los filósofos de la antigüedad de pasadas culturas sobresalientes legislaron en normas morales en base a la justicia o lo justo o lo adecuado inspirados en un ideal de orden social de convivencia basado en un primer impulso llamado idea con un fin y dirección específicos hacia la preservación del Estado y el Estado de Derecho y sociedad regida por este primero, no podemos ignorar que siempre debe haber un líder y un subordinado o un dios y un creyente pues cuando el común social de subordinados o creyentes no encuentran solución a su problema de ley o petición de suplicio de oración siempre acuden a su líder o dios por una solución haciendo penitencia de silencio dando al líder o dios el carácter de Pleno en magnanimidad rindiéndole culto de veneración u adoración según sea este el caso. Pero cual es la importancia que le debemos dar al mundo del Deber Ser en el actual siglo veintiuno o que importancia tenemos que atesorar para la preservación de nuestra especie humana, es muy fácil ""El Estado De Derecho De Respeto"" esto que quiere emular sino dar la debida importancia al legislo del poder ejecutivo, legislativo y judicial como los tres poderes incorruptibles de libre criterio de acto que en su estructura ya establecida y en su libertad de elección de gobernante elija al mas capaz para continuar la línea de acto Republicano Demócrata de una sociedad económica política de evolución como una Monarquía Republicana Demócrata de parlamento o vicerrectores encargados de las peticiones del pueblo gobernado en base a sus demandas, derechos y obligaciones y al pago de impuestos para que el Estado organice al gobernado como un Rey y sus súbditos o ""La Republica De Platón"" así que en vez de ser el Ser Incorruptible el cual solo podría ser Dios sea el Estado Dios Incorruptible basado en el razonamiento bíblico del Dios Jesús de Nazaret como el Estado Gobernante y los redimidos de sus dolencias y pecados e ignorancias; librando Jesús de Nazaret a los creyentes cristianos o pueblo gobernado; es pues así que el Estado Jesús de Nazaret es mantenido de las ofrendas y diezmos o impuestos que felizmente los creyentes o pueblo gobernado le dan por su excelente ejercicio de labores Gubernativas o de pastoreado cristiano religioso en su cede o Iglesia congregante de elección popular, a decir verdad el Estado amamanta al pueblo gobernado y le proporciona protección y cuando viene el lobo rapaz o agentes externos nocivos para la sociedad el Estado tiene que aniquilar a este agente externo pues significa la extinción del Estado de Derecho y de la sociedad de Derecho y para esto se tiene que tener bases muy sólidas en la moral por convicción basado en un ideal tan etéreo y sublime que tan solo con la duda de por que se esta luchando se esfuma este ideal tan sublime y etéreo. A veces no se puede evitar un proceso de mutación social por el auge económico base y sustento de motor de movimiento social pero las soluciones las va dando el mismo gobernado en su inconformidad de objetividad en cuanto a sus prioridades de primeras necesidades; es pues así que el gobernante debe mantener su directriz como el Almirante a cargo de su embarcación o del experimentadísimo primer capitán basado en su capacidad intuitiva de razonamiento y preparación en cuanto a su preparación anterior del Estadista de Legislo para elaborar leyes y normas para el Estado de derecho de pura gobernabilidad en el orden sociológico social de organización de un pueblo o nación. Es así como el Estado órgano rector de un país debe de poner las reglas, normas y leyes no de acuerdo a la eficacia de las mismas en otros Estados de otras ideosincracias sino deben ser adaptadas por las diferentes regiones estatales o por el conjunto de las mismas. El Estado órgano rector de una nación debe de dar las razones de moral primero basado en el mundo del Deber Ser, por las cuales esta aplicando su criterio de norma, de regla y de ley; posiblemente los gobernados en su poca o mínima capacidad de entender el por que de las cosas alegaran que no hay razón de aplicar este dictamen en norma, ley o regla pero la visión del gobernante siempre debe ir mas allá y posiblemente lo que legislo para un tiempo sea demasiado ilógico y capcioso pero a lo largo de 10 años esta norma de ley o regla rendirá el fruto para lo cual fue diseñada y la misma ira mutando deacuerdo a las necesidades económicas, políticas y sociales de la nación que proyecte un Régimen de Estado basado en el idealismo yuxtapuesto a la realidad actual pero con matices de una sociedad que evoluciona con cada uno de sus héroes que les dieron Patria; es así como el órgano rector estatal intencionadamente debe ir manipulando a su órgano rector gobernado en base a la idea de efecto y de causa concientizando así a la sociedad que gobierna del cambio; yo me apegaría a decir que la sociedad debe ser manipulada por el lado de la comprensión y el dialogo, ¿Cómo seria esto?... A base de mesas de debate con catedráticos, estudiantes, campesinos, amas de hogar y preparatorianos que son el auge de toda sociedad por su impetuosidad a motivar el cambio social en sus ideales de efecto y no de rezago, es así que el mundo del Deber Ser no debe Ser tomado en poco ni como algo cursi de una pasada época pues debemos aprender que los grandes imperios de la antigüedad se basaron en la unidad de un ideal donde el eslabón de la cadena es tan fuerte como la cadena misma y en donde el viento también hace su labor de refrescarnos el rostro después de una ardua tarea. No todos son capaces de comprender esto, ni todos son capaces de vivirlo pues vivimos en una sociedad basada en el materialismo utópico que el mas capaz es el que mas tiene sin considerar que un mundo sin ideólogos es un mundo sin lideres de ideal o que inspiran a millones a luchar como Alejandro Magno el Gran Conquistador que por lo avanzado de sus ideales nadie fue capaz de comprenderlo pero que sus actos retumban hasta nuestros tiempos y lo será por la eternidad de la historia de la Humanidad y nuevamente volvemos a lo mismo donde reside el poder de una norma legislada sino en el mundo del Deber Ser en el idealismo pues no debemos ignorar que la fuerza motriz de un gobernado es lo que lo mueve o ""inspira"" y la palabra inspira viene de un vocablo suspira o de suspiro o de espíritu que para los antiguos griegos era una idea o energía en acción hablando de energía potencial o el deseo del cambio y la energía cinética o la idea puesta en acción para lograr un objetivo; pero donde conseguir este poder manipulador de masas o como ser un ideal de consecución de efectos y de actos subyacentes en el objetivo logrado o el fin no de nuestros actos sino de la consumada logro de actos satisfactorios sino en la ""verdad"": Todo logro e empresa esta basado en la mutua lealtad y confidencia de nuestras flaquezas y en la unión para sobre pasarlas y postularlas a otros que nos pueden ayudar pues recordemos al gran filosofo Platón que inspirado en la obra La Republica de Platón hablo del ideal gobernante sin enigmas de error en su persona para impartir justicia imparcial pero esto para el hombre mortal es casi imposible pues también tenemos necesidades primarias primitivas así que en la unión del todo o de todos esta la fuerza donde el ratón levanta una pizca de queso y donde el león despeja el camino con su rugido o sea en otras palabras El Estado o el león tiene el poder y autoridad; protege y el ratón se alimenta en una simbiosis de Gobernado y gobernador. Para perpetuar al Estado es necesario transmitir las bases sobre las cuales esta fundamentado o sea un discipulado basado en la hermandad y tenemos que hacer hincapié que entre mas sea fría el trato entre gobernantes mas distanciamiento habrá entre las cúpulas de poder y mas intereses aislados habrá en el Estado trayendo hacia esta nación su declive como forma de gobierno y ya podemos hablar de países capitalistas que se hicieron socialistas y de países socialistas que se hicieron capitalistas por no haber aprendido lo que dice este gran razonamiento político en sus muchas variantes de interpretación ""Dad al Cesar lo que es del Cesar y a Dios lo que es de Dios"" a lo cual se refiere que para todo hay un momento y un tiempo como tiempo de abrasarse y tiempo de abstenerse de abrasarse pero la hermandad entre la Elite de gobernantes siempre debe mantener la ""unidad"" y la ""unión"" y donde el dicho tan popular que la unión hace la fuerza y por ende entendemos que aquí estamos hablando de valores morales de unión donde el único legislo que existe es el deber moral y la sanción es una pena moral. Para que el Estado mantenga su cadena de mandos Estatales en una piramidal ascendente debe haber cabezas que se dividan el mando pero con los mismos flancos de dirección y de criterio para la pronta u inequívoca ejecución de ordenes sin dudar basado no solo en la razón sino en la confianza en el mando superior como el Mandatario de un país que funge como símbolo de unidad y de unión en una nación es así que el gran dictamen de este hombre llamado Jesús de Nazaret diciendo Dad al Cesar lo que es del Cesar y a Dios lo que es de Dios hace notar en el Cesar el mundo del Ser y en Dios el mundo del Deber Ser; pero aunado mas aun en que la base del mundo del Ser en un cien por ciento es el mundo del Deber Ser base y fundamento para toda norma, ley y regla no solo en conciencia de ejecución moral de obligación sino también en ejecución adversa de obligación al gobernado por el Estado de Mando, es así que un gobernante tiene que tener los mas altos valores morales en una sociedad de cambio y por ende la versatilidad para adaptarse cada vez mas a unas sociedades en continua mutabilidad de intereses, de ideas y de objetivos de vida basados en una conciencia de derecho de planteamiento del ""por que vivir"". El mundo del Deber Ser tan insoslayable frase que encierra la magnanimidad de un ideal para el gobernante símbolo de una deidad transitoria y de un emblema que enmarca lealtad hacia la sangre derramada por miles o cien miles de soldados que murieron por un ideal y quizás así de esta manera se respete el valuarte de una nación o su enigmática bandera símbolo de la libertad que acaece al silencio de un dolor interior que sin palabras evoca el angustioso dolor por la perdida de un hijo en manos del inclemente hierro de un cañón retumbando en la tierra y devorando sangre inocente; pero quien obligo a este glorioso soldado a morir por su nación o que valor moral le impulso a desangrarse por un ideal sino el Deber Moral o el mundo del Deber Ser que vive en cada ser humano por ende entendemos que lo que da fuerza a la ley de mando no es la coerción del Estado para que esta se cumpla sino la moral de acto basada en una obligación moral basado en el amor a la ""verdad"". Es muy significativo el amor de una madre símbolo del Estado depositado a un hijo símbolo del pueblo, es decir el Estado Madre incuba a sus hijos pueblo con la infraestructura de servicios como hospitales, escuelas, servicios de orientación ciudadana y es así como el hijo nación hace conciencia civil moral de que el Estado Madre en su amenaza de muerte hay que defenderlo hasta la muerte por los valores civiles y morales que les dieron patria y autonomía como nación libre e independiente, así que el homologo del Estado gobernante en su sustancia misma es la autonomía del mismo basado en el derecho natural de cada ley, norma y regla autónoma por si misma pero con el carácter de no transitoria sino de echo de ley, es decir: El efecto al aplicar estas normas da de carácter de facto o de echo verídico al Estado en su acción legal como mismo refiriéndole la adecuada veracidad de Órgano Rector En Su Facultad De Aprobación popular o de Box Pópulo confiriéndole así el carácter de superioridad como el Ente Divino que con Los Cesares De la Roma Imperial se consagraron al Estado como Dios Todopoderoso dándole al Cesar el Titulo de Vicario de La Voz Divina en su ultimátum de ultima instancia avalado por un cenado de la Box Pópulos; es decir no todos podemos ser Vos de la Razón ni todos podemos ser vos de la paz de un campesino y me refiero a que todo conlleva a un equilibrio en la balanza de la justicia universal que nada escapa de ella y que es la red o sea ancha y todo soporta pero nada deja pasar y a todo da su debida retribución en esta vida o En Los Campos Liceos y sea así o no para los réprobos en cuanto a la fe de una justicia imparcial y definida; todo depende de cuanto demos a ese Órgano Rector Llamado Estado o La Vos Divina del mundo del Deber Ser, es así que en la barca hay solo 12 generales y un generalísimo o almirante que comanda a estos 12 generales anteriores es decir el Primer ministro y sus doce magistrados, es decir no todos podemos dirigir a una nación pero si ser supuestos candidatos que en el deslinde de acciones nos selecciona por así decirlo naturalmente poniendo al mas adecuado y capaz por cabeza apoyado por un pleno de la cámara de legisladores ""o delegación de autoridad en responsabilidad basado en la confianza y previa introducción y capacitación de la razón de ser de los valores de alta moral del Pleno Legislativo"". Bueno ahora ya sabemos las bases del Mundo del Deber Ser y la cepa ya esta puesta un poco rudimentaria pero al fin lista para adecuar la suficiente súper estructura sobre la cual se asienta El Estado de Derecho y su sociedad gobernada. Ahora quiero hablar de la tensión de responsabilidades del Estado de una Nación y para esto quiero hacer mención del personal técnico por así llamarlo o los pensadores que dan soluciones de rápida aplicación y que por así llamarlo no tienen la presión de peso de liderar y dirigir una Nación o al mundo como La Organización De Las Naciones Unidas con cede en América del Norte en la Nación de Estados Unidos de América USA; es así como un órgano rector apolítico puede conceder favores y plastecías a los gobernados en base al bien común y trayendo paz a la sociedad de una nación o del mundo en general y de común forma en base a la técnica del derecho natural al cual apela la razón de todo Homo Sapiens Sapiens en sus valores de conciencia natural delegada por su proceso evolutivo de supervivencia particular basado en la asociación de la misma especie para su supervivencia requiriendo toda la información técnica de experiencia y técnica o teórica acumulada registrado a través de toda la historia de la humanidad de todo índole, raza y nación: Y ayuda técnica de antropólogos, sociólogos, físicos, físicos nucleares, astrofísicos y de mas hombres de ciencia que embleman el progreso de una sociedad y de sus sociedades o sea aprendiendo del pasado de la historia de la humanidad de experiencia y de teoría por eso mismo el invertir en investigaciones de cualquier tipo proyecta en su máxima expresión a la sociedad gobernada y al Estado que la Gobierna y no solo por el sustento en confort de la sociedad sino por el paso a otra era en la que todo pasara al mundo del Deber Ser en una sociedad comunista de libertad de vida y expresión así como de creencias religiosas basadas en el origen común o culto a las virtudes de la razón como las antiguas polis griegas donde la máxima representación de Dios es el Ser Humano trayendo así respeto por todo lo que se llama ""vida humana"" y ""Vida animal y vegetal"". Aquí ago un breviario aludiendo a la falta de razón de conciencia que nuestros contemporáneos que dejaron pasar por alto al no legislar sobre derecho de vida animal y ecosistemas animales y vegetales y siclos de recursos naturales del globo Terráqueo, nuestro planeta; al malgastar todos los recursos naturales en una sociedad de consumo meramente y de falta de cuidado de los seres vivos que nos rodean animales o vegetales o de simbiosis celular; hagamos conciencia en un mundo del Deber Ser de donde también el alimento que ingerimos nos alimenta tanto como el aire que respiramos como la miel y néctar de abejas que nos proporcionan las bondades de las flores así es pues que todo lo que compendie a un Estadista de legislo debe estar estudiado y basado en el ""Derecho Natural De Vida de cualquier índole"" Es pues, así mis queridos legislos que como futuros Estadistas, Dignatarios o Mandatarios todo lo que compendie a

Historia universal, Historia religiosa, Historia evolutiva de Charls Darwin, Teorías evolutivas de Oparin el Biologo y su teoría de la célula proteica a través de la cual con descargas eléctricas tubo vida propia por cinco minutos otorga a su breviario cultural la capacidad de legislar en pro de la vida y no en contra y de darles la capacidad de entender mejor ""El Derecho Natural"" en base a la vida de la cual todo Ser Vivo tiene Derecho. Es necesario todo superiditarlo al idealismo aun cuando la razón lo niegue valores como el amor, gozo, paz, paciencia, bondad, benignidad, fe, mansedumbre y templanza y aunado a esto los tres valores de Amor, fe y esperanza y como corona de estas virtudes la justicia blanca o imparcial; es muy duro llegar a estos razonamientos pues en ellos va la vida misma al saber que en un acto de delito El Estado o Dios o El Juez o El Legislador de la Cámara tendrá que ir en contra de sus valores, familia, amigos con tal de enarbolar a la justicia pero la recompensa es tan graficante como la perduración de la especie humana y su hábitat Terráqueo animal y vegetal y dicho pensador y legislador se ""Inmortalizara a través de la historia de la humanidad"" como un Wiston Churcill el Gran Pensador y Enigma de Personalidad Inglesa en su magnanimidad de Héroe mundial del siglo pasado veinte. Es así que el Estadista de Legislo no es cualquier persona a pesar de sus incoherencias morales como ser humano debemos aprender del mudo del Deber Ser que la misericordia o tolerancia es la base de la perdurabilidad de una sociedad por mas compleja o simple que en su composición esta este basada en un órgano rector como El Estado o el Estado rector impersonal ""La Conciencia"". La conciencia ¿Qué es la conciencia? La conciencia puede ser diversificada en conciencia animal, conciencia racional, conciencia de acto vegetal, conciencia de la madre Tierra, conciencia de gobierno o conciencia de la inconciencia de un acto de supervivencia o prolongación de la especie sea animal o vegetal o la subconciencia de la conciencia de un acto meramente a seguir adelante o del ideal del conciente de acto de la esperanza y que la Biblia lo llama en Romanos 5: 5-6 Y la esperanza no avergüenza; por que el amor de Dios ha sido derramado en nuestros corazones por el Espíritu Santo que nos fue dado… Es decir la esperanza o seguir para un Estadista cuando todo esta perdido y solo queda aguantar hasta el último raund como en el boxeo por el campeonato mundial sabiendo que todo esta perdido en un 100 % se obtiene la victoria sobre lo cual se esta peleando; pero esto debido a que; debido al instinto natural de supervivencia y al ideal de la esperanza apoyado por el amor de condiscípulos y seres queridos volcándose en una fuerza moral inquebrantable o lo comúnmente llamado ""sacar fuerzas de la debilidad""; basado el la teoría de Ley del mundo del Deber Ser o la fuerza moral que todo lo activa o da el primer impulso para seguir adelante o la comúnmente fuerza moral llamada esperanza que cuando todo esta perdido claudica en el Ave fénix o ""El Resurgirá De Las cenizas"" o ""Donde Hay Cenizas Brazas Quedan"". Entonces seguimos demostrando que el mundo del deber Ser no debe ser menoscabado ni menosapresiado, es cierto muchos idealistas quedaron en los campos de guerra de la segunda y primera mundiales sin mencionar a los cruzados y musulmanes donde hombres formaron leyendas pero a raíz de esto se fundamento el Derecho Internacional y ahora esta puesto el dialogo y la conciliación de intereses, suficiente; futuro Estadista que te trato dar a entender con esto, ""inteligencia"" en el acto de conciencia como el viejo dicho popular ""Al Santo Ni tanto Que No Le Alumbre Ni tanto Que No Le Queme"" o sea siempre encontrar el equilibrio propio para cada situación o usar el criterio y si no se tiene por la ley del tanteo pero hay que sacar el problema adelante a través de la ""inteligencia"" o ensayo y error, así pues la conciencia en meditación y reflexión enseña en una noche lo que diez libros en un mes es decir pon a trabajar tu mente; la actividad principal del Homo Sapiens Sapiens no es comer ni reproducirse sino ""Pensar"", pero no todos tienen esta virtud así que zapatero a tu zapato. Bueno tenemos a otro pensador y estratega militar Adolfo Hittler que uso la inteligencia aludiendo al idealismo de una raza superior o el súper hombre y aquí esta la clave del poder de mover a un pueblo o al mundo, el valor de las ideas o la trascendencia de las ideas basado en la razón para una época determinada o una idea subjetiva en cien años pero objetiva para el momento que se necesita aplicar o la mutabilidad de la conciencia así que aquí mi Estadista y Legislo ya tienes la regla numero uno para legislar, la mutabilidad de la conciencia en subjetividad para cien años pero en objetividad para la época actual en la cual se actué en el legislo de Ley, Pero hay verdades que no pueden cambiar y tu las descubrirás con tu continua búsqueda por la verdad nunca dejando de olvidar levantar a la pequeña flor y de desafiar al volcán en erupción o sea humildad y sacrificio en servicio por tus gobernados y por tu nación o fe en lo que crees y haces basado en tu norma moral de acto o el por que vives y actúas y esto siempre debe estar bien definido en tu vida y personalidad como esposo, padre de tus hijos y como estadista, mandatario o dignatario de una nación para que no claudiques en tu empresa de servir a tu nación ni en tu vida familiar como jefe de familia ni como en el respeto a tus padres biológicos, así es, tu vida debe ser un cubo perfecto moral, físico y anímico en lo cual nada pueda manejarte, ordenarte, ni derrotarte o sea un ancla firme en el cual seas el soporte de un navío en altamar a prueba de tormentas y cataclismos. No por nada los ancianos de cualquier cultura consolidaron sus enseñanzas en dichos populares como El León o el Ratón cada une ruge y cada uno obtiene lo que desea; o A Los perros de tu casa aunque te muerdan dales de comer, o sube y baja pero la estabilidad la da la templanza y asi es toda una gama de proverbios chinos, mayas, hebreos, nórdicos, griegos, romanos entre los mas significativos como los legisladores Cofusio y Moisés entre los mas grande visionarios hablando de cinco mil milenios y todavía sus significativos siguen vigentes; es así como el mundo del Deber Ser es de preponderante potencia moral de efecto de causa sin la cual el mundo del Ser queda sin efecto o sin la fuerza necesaria de convicción para aplicar la ley de norma y de la regulación a una sociedad cada ves mas despierta y conciente de sus derechos y obligaciones basados en la legalidad de los mismos así como de su transparencia de aplicación de ley, por lo mismo el Estadista debe ser consiente de la magnitud de la responsabilidad que esta en sus manos y esto solo se obtiene con la preparación teórica desde que inicia la primaria hasta su preparación profesional y de teoría en conocimiento de frontera o doctorado con sus maestrías y postgrados de continua aplicación en el campo de practica o prueba experimental para que cuando lleguen a la cúpula del poder gubernamental acallen su labor estadista con todo honor y dignidad ante el desafió de dirigir a una nación o un emporio corporativo de talla mundial del cual dependen miles o cien miles de familias de obreros y profesionistas en su sostenimiento y dirección y preservación de sus fuentes de trabajo a cargo de este directivo u Estadista Corporativo por que como quiera que sea es un lider político manejando la política, visión y misión de la Empresa cualquiera que sea y a la altura que este en su insumo de movimiento económico siendo esta pequeña, mediana o macro empresa; es decir hablamos de ecosistemas económicos dentro de un ecosistema económico a un mayor es decir los diferentes bosques de una zona geográfica como el continente Africano que tiene Estepa, Tundra, Boscoso, Desierto, Montañoso, Bosque Tropical y Pantanoso Estepario, y que además cooperan en la vida de biodiversidad Africana de ecosistema para su sustento de vida animal y vegetal integral pues pensando de esta manera apliquémoslo al Estado del mundo del Deber Ser en su valor piramidal de Justicia Blanca y debajo de este Amor, fe y esperanza y debajo de estos amor, gozo, paz, paciencia, benignidad, bondad, fe, mansedumbre y templanza y contra tales cosas no hay ley o refutamiento de argumento o del prestigio de un Estadista que es un acto de conciencia como dice en La Biblia en Romanos 2: 11-16 Por que no hay acepción de personas para con Dios. Por que todos los que sin ley han pecado, sin ley también perecerán; y todos los que bajo la ley han pecado, por la ley serán juzgados; porque no son los oidores de la ley los justos ante Dios (o El Estado De Derecho) sino los hacedores de la ley serán justificados. Por que cuando los gentiles que no tiene ley, hacen por naturaleza lo que es de la ley, estos aunque no tengan ley, son ley para si mismos, (o el mundo del Deber Ser) o (moral de ética de ley o norma sin cohercion de aplicación de sanción sino de pena moral) mostrando la obra de la ley escrita en sus corazones, dando testimonio su conciencia, y acusándoles o defendiéndoles sus razonamientos, en el día en que Dios (O El Estado De Derecho) en el día en que Dios juzgara por Jesús Cristo (O la sangre derramada de los héroes que nos dieron Patria y una constitución sobre bases legales de libertad y ejercicio de derechos y obligaciones y garantías individuales) los secretos de los hombres, conforme a mi evangelio (o Ley Federal y Estatal)... Basado, ¿en que?, en la conciencia de acto de defensa escrito en ley o meramente de testimonio que acontece a un acto moral de mayor relevancia ya que defrauda al pleno del Legislo o Suprema Corte De Justicia De La Nación o la ultima instancia basado ""En El Derecho De Protesta"" o mentirle a Dios o al Estado mismo en su justicia blanca de juramento de decir la verdad y solo la verdad en una disyuntiva de juicio absoluto de absolución o de condena total independiente del mismo acto de buena fe o de mala fe o de omisión de conciencia independientemente de su fe en disyuntiva. Es así que en el mundo del Deber Ser no hay cabida para lo imperfecto o sea es el mundo ideal del pleno en ejecución pero no en el fin de resultados y menos en el fin de consecución de procesos pues ahí habita la clemencia y el dictamen de juicio en preponderancia de ""análisis de juicio"" o el por que se llega a tal resolución del perdón o de la omisión de condena en tiempo, en el mundo del deber Ser habita el cien por ciento de la misericordia y del perdón total cuando en este habita el cien por ciento de la enmendación del alma asi que en el mundo del Deber Ser se purga condena de arrepentimiento y en el mundo del Ser la condena física de reflexión a través del encierro muy poco convencional pues debemos aludir siempre al dialogo y a la audiencia de la contraparte o en la ultima instancia al aislamiento nocivo del Ente Social pero siempre en un acto de amor y de comprensión pues no olvidemos que los gobernantes son ""El Estado Madre"" o ""La paternidad de Dios"" o ""El Estado"". Ahora pupilo Legislo vamos a hablar de tu relación con los demás Legislos; lo primero que necesitas es saber que no debes juzgar por que tu también eres sujeto de caer en la mismas incongruencias de moral en disyuntiva del puesto gubernamental que ostentas acarreándote para ti mismo u mal precedente pues eres sujetote cometer los mismos errores que un compañero tuyo de Legislo así que tu compañero quedara a merced del Juicio del Estado pero tu que juzgas quedaras a merced de tu conciencia y de tu deprimida moral para lo cual no hay cura sino a través de un acto heroico que redima tu falta y de tranquilidad a tu conciencia ""Hablando De Fuero Político"", por eso los puestos en eminencia son representantes del ""Estado Divino"" de imparcialidad y justicia, y a demás por el precio que tiene que pagar dichos legislos su inmutabilidad de ley en sus garantías individuales quedan supeditadas al pleno legislativo de nación o sea alguien con sus misma capacidad o superior capacidad en cuanto a ""Ley"" solo y si puede juzgarlos y nadie mas y su absolución debe ser siempre satisfactoria en memoria de que hay diez mi Legislos por nación de entre 80 a 120 millones de habitantes por nación entonces hay que ver la preponderancia necesaria de la necesidad imperante de Legislos o Pupilos de la Verdad y que estos hombres solo viven entre 80 y 90 años y no se dan estos hombres a la vuelta de la esquina así que la confraternidad es necesaria siempre aunque sea de diferentes corrientes distritales como conservadores y liberales o demócratas y republicanos o de derecha o de izquierda; posiblemente no todas las corrientes en su pura ejecución de Teoría del Estado funcionen pero si la conjunción de ambas teorías de yuxtapocision de definiciones en proceso pero con resultados perfectos y equiparables para ambas teorías de Estado, la mutabilidad de teoría de Estado siempre van de la mano de un movimiento social así que los mejores Legislos son aquellos que son activistas de cualquier índole como Green Peace o la defensa de los derechos de la vida no inteligente racional del Planeta Tierra; puede ser Legislo lector que el aislamiento de tu ente racional por temporadas de tres días te de la capacidad de reflexión y meditación; tómatelos y descansa viendo la nieve o el atardecer u el horizonte en la puesta de sol en el mar, y entonces sabrás el por que defiendes los derechos de tus gobernados como pueblo y como nación o en el enigma emblemático de la ONU de libertad y de justicia del pleno de Legislos. Hablemos de Gobernados y de Gobernante y su fin de relación en un poema de libertad y de justicia: ""Al Deber de una Nación y de su Legislo"" Siempre me embebí del vino de la victoria y mis pies caminaron junto con los dioses y entre los gladiadores de la pluma de escribano titanes cayeron a mis pies e implorando misericordia divina estuve librando a mi pueblo y mas aun comande a la legiones de Augusto Cesar el Cesación legendario junto con el pleno de legislos, y con, mas aun los volvería a librar, con el vuelo de cien mil palomas doradas destellantes de lagrimas plateadas emblemáticas de justicia volvería a defender mi libertad que es la libertad de mi pueblo ahora ya una nación y que se postergaría a un Imperio donde el águila real dorada implora misericordia en la legislativa prorrogativa del aguijón de mi verdad y el inclemente halcón hace poder judicial con sus garras can las cuales desgarra al trasgresor y el hurón ejecuta la batuta del clarín del Estadista no mas no menos en mi pueblo brillara la justicia de honor y ya a demás ensagrientada esta mi alma y mi sed de justicia que a un clama por mis pequeñitos y volvería a esgrimir mi espada de ley de Legislo de la pluma de escribano de Elite; y que mas, ya ahora, digo, yo el Señor librare a mi pueblo y haré justicia Blanca en mi Estado de libertad y de Justicia. Espero que este gran poema te allá inspirado a saber que la tarea que te has propuesta es solo para un dios en sus valores y virtudes morales y de fe y de verdad y de misericordia. Bueno concurrente del deseo de emblemar a una Nación es hora de pasar a la tercera etapa tu carácter como abnegación, agradecido, agraciado, mediador esto es agradable ante el Estado Gobernante estas características no las tienes que formar son natas a la personalidad de temperamento del Estadista de

Legislo y decir siempre la verdad o callar por que esto impone maestría sobre lo que se quiere decir o enseñar o transmitir hablando de dominio o superioridad del Legislo. El emblemar a una Nación es emblemar Al mundo del Deber Ser siendo sobrio, serio, prudente, sanos en la doctrina de Gobierno, compañerismo, y pacientes o dicho de otra manera el ministro debe ser diligente añadiendo a su forma de gobierno de credo virtud; a la virtud conocimiento; al conocimiento, dominio propio; al dominio propio, paciencia; a la paciencia, piedad, clemencia o misericordia en juicio de Ley, a la piedad, afecto fraternal, y al afecto fraternal, ""DIVINIDAD O AMOR"" o el ideal de ""LA MISERICORDIA TRIUNFA SOBRE EL JUICIO"". El Estado de Derecho como su nombre lo indica esta siempre no para condenar sino para aun en contra del Estado mismo defender los derechos de sus gobernados en el ideal del justicia divina blanca o ""AMOR"", PERO ¿Qué es el amor? o ¿Cómo se define? ""**El Estado Que Soporta A Su Pueblo**""; ""**Rey**"" esta es la definición mas emblemática del Estado y por la cual el gobernado idealiza al ente gobernante llamado Estado por eso notamos que la Box Pópulos siempre idealiza a los Legislos como dioses y no están errados pues no es lo mismo un campesino que mueve una yunta de bueyes a un Estadista que mueve a 120 millones de gobernados o sea el ""Poder del mundo del Deber Ser"" o la fuerza moral que todo lo activa con la trascendencia de una idea absoluta ""**La Justicia que debe Impartir El Estado**"" y que al mismo tiempo inspira a una nación a un ideal de practicar también la justicia blanca en espera del ultimo dictamen sino la del Juez o del Legislo en misericordia y verdad, es así como El Estado se emblema de ejemplo del mismo gobernado en acción practica de ejercer la justicia en incorrupción de delito no practico o de no practicarse. Salmo 1: Todo, Bienaventurado el varón que no anduvo en consejo de malos, Ni estuvo en camino de pecadores, Ni en silla de escarnecedores se ha sentado; Sino que en la Ley de Jehová (O en Ley del Estado) esta su delicia (Meditación o Reflexión); y en su Ley medita de día y de noche. Será como árbol plantado junto a corrientes de aguas, Que da su fruto a su tiempo, Y su hoja no cae; Y todo lo que hace prosperara. No así los malos, Que son como el tamo que arrebata el viento. Por tanto, no se levantaran los malos (O los delinquíentes) en el juicio, Ni los pecadores en la congregación de los justos (O Legislos de Ley). Por que Jehová (O El Estado) conoce el camino de los justos; Mas la senda de los malos perecerá (O se hará guerra contra ellos), es decir las unidades se seleccionan por equiparalidad de similitudes de donde los mas morales y su preparación siempre hacen sus grupos así pues es lo mismo con los no tan morales, en este pasaje hace mención de que el entender la ley da la capacidad de entendimiento y de discernimiento y esto trae como consecuencia la capacidad de comprender y cuando la unidad de un genero comprende es un agente de cambio a todo nivel de gobernaturas Estatales y Federales y de Cenadurías y de Diputaciones a base del mundo del Deber Ser o de la convicción moral es como se llega al cambio; la ley es manipulable y carece en si misma fuerza para cumplirse pero la fuerza moral incorruptible le da carácter de preponderancia en primer orden de cumplimiento de ""**Por Justicia Social**"" pero que es la justicia social o que prepondera su poder en el Estado de Derecho enarbolando Al Órgano Rector Estado como una Divinidad sino la justicia en la unidad que es aplicar la justicia en el todo o total de una sociedad es decir la cadena es tan fuerte como su eslabón mismo de donde el hacer justicia a la unidad es hacer justicia al total de unidades por lo que se enarbola al Estado como a Dios mismo en idealismo de justicia social irreal para un eslabón pero factible para la fuerza abstracta en definición de la cadena del eslabón o su acto de justicia ejecutable y que la aplica a demás El Estado. ¿Cómo Aplicar La Ley? o ¿Cómo apelar a la razón de justicia de ley? o en base a que, primero el estar orgulloso de sentirse participe de una raza, credo y nación y después entender que A los Estadistas le ha sido confiada la ley y que el que algunos Estadistas fueron incrédulos a su llamado de justicia de Legislo en incumplimiento de sus deberes de justicia social; ¿habrá fallado el Estado de Derecho? De ninguna manera antes bien El Estado es de veracidad contundente y toda declinación de ley es inacepta y de falta de moral: como esta escrito: Avalándote el Estado en su juicio de ley eres justificado en tus palabras de testimonio y en tu juicio vencerás avalando al mundo del Deber Ser cuando fueres juzgado y por demás la injusticia humana hace resaltar la Justicia del Estado por tanto el Estado en su justicia hará juicio erróneo de veredicto al impartir su ley, No; pues es el máximo órgano rector de un pueblo glorificando cada vez mas al Estado de Derecho; si, en efecto, cuando se engrandece al Estado de una Nación es por que se esta aplicando la ley en la magnanimidad de la razón y de la justicia en clemencia o misericordia en un acto moral de consideración del mundo del Deber Ser o de suma fuerza potencial que no solo afectara a un pueblo sino por así decirlo al conglomerado de una civilización como ""La Ilustración Francesa y su Revolución y Derrocamiento de La Monarquía Francesa"". Esta la forma de aplicar la Ley para engrandecer a l Estado y engrandeciéndolo se engrandece a un pueblo dando así la hegemonía moral de cohesión de un fin o sea la preservación de un símbolo y lábaro Patrio basado en el mundo del Deber Ser o una moral alta de un orgullo de raza. Ahora disertemos en la razón de Ser no en el pleno del acto de derecho sino el la razón de Ser de la Ley que transfiere una fuerza de legalidad, es decir El Estado dota de la capacidad al ciudadano de un emblema y le da su razón de Ser como la polis Espartana que doto a su pueblo del emblema bélico y la polis Ateniense doto a su pueblo de un emblema de filosofía en el poder legislativo basado en la razón de sus dioses y La magnánima Roma Antigua en la hegemonía moral que la unifico en el pensamiento que Roma vale tanto un soldado como una legión de soldados romanos así que tienes tres ejemplos sobre como legislar y aplicar la ley sobre el poder bélico o judicial, sobre el poder de la razón o legislativo, y sobre la hegemonía moral o el líder que unifica a un pueblo bajo su carisma o el Poder Ejecutivo así que estos tres poderes son la base de la economía, política y sociedad de una Nación meramente sana que debe enarbolar la moral de ayuda al desvalido y esto engrandecerá a su Estado como a Dios mismo o la polis de los dioses o de los cenadores elevados a la condición de dioses por su conocimiento que es ""PODER"" al cual hay que añadir ""DOMINIO PROPIO"" o ""TEMPLANZA"" ¿Para que? Para no caer en el uso indebido e imprudente del Poder en un arranque de inconciencia visceral y no racional aludiendo como ley a la imparcialidad y no a un acto de latrocinio de legislo. El aplicar la ley debe tener como fundamento la ""integridad"" en el libro de Eclesiastés 7: 1 Mejor es la buena fama que el buen ungüento; y mejor el día de la muerte que el día del nacimiento... Así que ya sabes tus ornamentos como Estadista de legislo y tu buen porte nada son ante la buena fama que es un poder de convocatoria y fuerza moral así que tu decides si eludir tus responsabilidades y actos que confrontarlos dándote la oportunidad de redimirte y de sentarte con los grandes y engrandeciéndote pasaras a la historia universal mundial y quien sabe la historia esta llena de muchas sorpresas como un hindú derroca a un Imperio Anglosajón a base del mundo del Deber Ser con el emblema e ideal o fuerza moral de la ""PAZ"" o ""PAX"" **(NADIE PUEDE SABER LA FUERZA DE IMPACTO DE UNA IDEA A TRAVES DE LAS SUBSIGUIENTES GENERACIONES EN BASE AL MUNDO DEL DEBER SER)** Mahatma Gandhi aplico un ideal y una estrategia de combate ""EL Dialogo"" para disfrazar sus verdaderas intenciones la de exhibir el fascismo del Imperio Conquistador Ingles; con su indumentaria campesina y su cuerpo delgado por el ayuno promoviendo que la superioridad de raza no proviene de la fuerza genética sino del poder de una idea que vive en el corazón de una generación y de un líder que los sepa inspirar a lograr lo imposible o a un mas de lograr trastornar a media humanidad. Ahora hablemos de una estrategia ¿Cómo? Convertir a un contrincante y contrario a nuestro legislo de Estado. Es en base a la razón; la razón es una espada templada, de acero puro y con un filo que divide al contrincante a la luz de la razón o del arte de disertar en dialogo aludiendo a las bases de la ""VERDAD"" es decir si en la suma de números 1+2= 3 las subsiguientes sumas y ecuaciones matemáticas de algebra no habrá margen de error por que la base de primera suma acertó en el exacto calculo de la operación matemática y refiriéndome al legislar una ley; esta, tiene que tener las bases puras y exactas de una justicia blanca para que al hacerse mas complicada su razonamiento de ley; esta, concuerde en al valor exacto del juicio de jurisprudencia dando un veredicto de ley acertado al cien por ciento de justo para que el infractor acepte en buen alid su condena. Así que como Estadista si todo lo basas en la verdad tú fuerza de impacto a las masas será fuera de lo común. Veamos ahora San Lucas 24: 19 Entonces él les dijo: ¿Qué cosa? Y ellos le dijeron: De Jesús Nazareno, que fue varón profeta (un visionario), poderoso en obra (Cumplía sus proyectos de ley)y en palabra delante de Dios (Frente al Estado y Honraba al Estado de Derecho)y de todo el pueblo(El testimonio frente a los gobernados). Cual es la simbología de la cruz de Cristo, es la de un Estadista con los brazos abiertos expuesto a ser crucificado y aun así mantener los brazos abiertos en que facultad, en la facultad de tener el poder y no emplearlo para destruir a una sociedad carente del significado de conciencia por eso Cristo es el símbolo de La Republica de Platón o El Amor hacia sus gobernados y el perdón Magno del Pleno cuando este alcance en juicio su convocatoria; ahora si, ya podemos hablar de justicia social pero cambiemos de idea acentuando la responsabilidad del líder que planea y que organiza y que a demás vela por los intereses de sus compatriotas, para el líder un error le cuesta todo y en su juicio el único que lo ampara es el Estado por el rendimiento de su servicio a la nación y según sus meritos anteriores debe ser o absuelto o conllevado a la pena de ser relegado de sus funciones políticas en cualquier ámbito pero no sin su mesada de abrogo de funciones gubernamentales o jubilación, es así que los placeres de un Estadista son magnánimos y sus ovaciones son gratificantes y su nombre es perpetuado a la posteridad de la historia universal como el Benemérito de Las Americas ""Benito Juárez"", que en su dictamen de ley Legislo **""El Respeto Al Derecho Ajeno Es La Pax""**, es decir ""Por Mi Raza Hablara El Espíritu"". Ahora descansemos en el refrigerio y pensamiento de un bello poema: **""A ti que me diste tu semilla en sangre de inmortalidad de herencia""**. En honor a Don Benito Juárez el Benemérito de Las Americas. De un temple fui formado y al unísono de cañones granizo en tormenta; el Aquilón y el Turbión me coronaron como el Dignatario de diez mil generaciones donde la semilla de mi raza y pueblo fue sembrada en sangre y cenizas pero de la cual nació mi nación fuerte y soberana; tierra de soldados plateados y tierra de mujeres que embleman el escudo de la victoria y que en un fúsil diez mil descargas hicieron retumbar al mismo trono de los cielos que en un soldado cada hijo te dio; o Jericó que tus murallas dejaron ir a mis hijos a mis gorriones y ruiseñores que cantaron su ultimo grito por la libertad e igualdad de derechos ensangrentados derramaron sus entrañas por una nación de Templarios y de guerreros consagrados al ideal de igualdad. Bueno aquí tenemos un poema que emblema altos valores morales de cede; cede en que, cede en la verdad así que no imponiéndoles otro razonamiento de formación de moral pasemos a otro punto no menos importante. Hablemos del principio de las causas y efectos de una sociedad; esto es la inspiración basada en la palabra o verbo y en el echo de acto; en el Evangelio Según San Juan 1: 1 En el principio era el Verbo, y el Verbo(La Palabra) era con Dios(El Estado), y el Verbo era Dios(El Estado). En este pasaje bíblico vemos la preponderancia del prestigio de un Estadista el lo recto de sus palabras y el la honorabilidad de sus actos ¿Por que? Por que se hace uno mismo con el Estado o Dios o El Mundo Del Deber Ser o La Alta Moral. San Juan 1: 2 Este era en el principio con Dios. Se entiende que en el principio de la formación de una sociedad no existía el documento legal que diera inicio de formación al Ente llamado Estado por lo tanto el contrato legal sobre el cual se fundamento la formación de una sociedad fue la ""Palabra"" donde la honorabilidad de cumplirla era solo la lealtad, la sinceridad y la honestidad. San Juan 1: 3 Todas las cosas por el fueron echas, y sin el nada de lo que ha sido hecho, fue echo. Las bases de esta sociedad o su ideal de formación era el todo sobre el cual fundamentaron su unidad como El Imperio Romano que lo que la historia nos enseña que hubo hegemonía moral o unidad moral basada en la lealtad, Verbo o la Palabra de un Emperador o Estadista hablando de una Republica con un cenado de vitalicio de Emperadores Romanos; y en base a esta palabra que se fundamento en la lealtad se construyo el imperio mas grande de todos los tiempos o sea basado en que; en el mundo del Deber Ser o en las leyes legisladas por los dioses o Dios; esta es la única forma de formar un imperio como nación y de crear una nación fuerte y soberana. San Juan 1: 4 En él estaba la vida, y la vida era la luz de los hombres. Nuevamente aquí vemos el idealismo del poder de las palabras que transfieren animo o vida basado en un líder que es símbolo de un ideal y que es el visionario del ideal a materializar como Rómulo y Remo y el Imperio de Roma así es que la palabra hablada transfiere vida o animo para hacer las cosas uniendo a una sociedad. San Juan 1: 5 La luz en las tinieblas resplandece, y las tinieblas no prevalecieron contra ella. Es notorio que cuando el hombre primitivo paso por la diferentes eras; como la era de piedra, del bronce y del hierro su única organización como sociedad era la manada que paso a horda después clan y por ultimo una tribu para pasar a formar una ciudad o meramente llamada una polis donde la luz o polis no permite regresar a las tinieblas de la organización social primitiva llamada era de piedra. San Juan 1: 6 Hubo un hombre enviado de Dios, el cual se llamaba Juan. Nuevamente vemos que a todo hombre inspirado se le toma como enviado de Dios; pero a estos hombres que fue lo que los inspiro sino una mejor sociedad organizada y bueno también las necesidades imperantes en la complejidad de la sociedad y su organización; pero estos hombres fueron inspirados en la Naturaleza evolutiva y en lo hermoso del planeta Tierra hablando de una gloria que da testimonio de un Estado Superior o Divino Llamado ""EL DIOS ESTADO"" Salmo 19: Los cielos cuentan la gloria de Dios(O de lo magnifico del Estado Divino), y el firmamento anuncia la obra de sus manos(La Organización Divina Del Estado). Un día emite palabra a otro día, y una noche a otra noche declara sabiduría. No hay lenguaje, ni palabras, Ni es oída su voz (El lenguaje mudo del Conocimiento). Por toda la tierra salio su voz, y hasta el extremo del mundo sus palabras. En ellos puso tabernáculo (La Cede de Cenadores y Diputados y el Poder Ejecutivo) para el Sol (La Ley o constitución): Y este, como esposo que sale de su tálamo, Se alegra cual gigante para correr el camino (El Estado Organizado) Ejerciendo su Administración Ejecutiva, Legislativa y Judicial. San Juan 1: 7 Este vino por testimonio, para que diese testimonio de la luz, a fin de que todos creyesen por él. El razonamiento abstracto de un pensador inspirado da testimonio o fe de una vida mejor y equitativa para todos a fin de que unificando a la sociedad humana en uno fijaran en su corazón o mente el ideal de este pensador o Estadista para el beneficio de todos o sea creyendo en sus palabras. San Juan 1: 8 No era le la luz, sino para que diese testimonio de la luz. El Estadista no es el Estado; pero la luz en el Estado es el conglomerado de legisladores que son el Estado trayendo luz a través de sus leyes de reforma escritas y aprobadas por el Pleno. San Juan 1: 9 A aquella luz verdadera, que alumbra a todo hombre, venia a este mundo. La verdad convence y la luz muestra el camino y ambas vienen en lo abstracto del mundo de las ideas o de la inspiración inmaterial y abstracta ""DIOS o Estado"", Salmo 119: 105-106 Lámpara es a mis pies tu palabra, Y lumbrera a mi camino. Jure y ratifique, Que guardare tus justos juicios. También se necesita de luz en la misma luz para no sobrepasar nuestras mismas virtudes de poder. San Juan 1: 10 En el mundo estaba, y el mundo por él fue hecho; pero el mundo no le conoció. Aquí habla del fuero político para los Legisladores de cualquier índole en el Mundo del Deber Ser, es decir a los Estadistas y legisladores de menor orden les debemos el éxito del Estado en su pleno de funciones por lo cual son sujetos no de ley pero si juicio político por lo cual sus funciones quedan suspendidas pero no abrogadas siempre y cuando la verdad quede puesta en la mesa; esto no es ligereza en el acto de juicio político sino es preponderancia en el acto de preservar a la clase política de la cual son muy contados y con las cualidades optimas para ejercer la gobernatura del Estado de Derecho. San Juan 1: 11 A lo suyo vino, y los suyos no le recibieron. Es decir el Estadista por su visión es un visionario o vidente o profeta del porvenir de la sociedad en base al comportamiento de la misma, entonces para encausar a dicha sociedad casi siempre tiene que dictar leyes de reforma que cambien el curso de dicha sociedad y normas y leyes que no siempre serán el agrado de de la sociedad gobernada y aquí hacemos un breve paréntesis para dictaminar la vida publica de Jesús de Nazaret que como Estado Divino fue contradicho hasta su muerte pero que en los siglos subsiguientes a su muerte es glorificado como Dios por sus leyes de reforma Divinas en su Estado dando fe de que lo mismo pasa con el Estadista terreno muchas veces su Política De Estado es incomprendida y lo crucifican con su indiferencia o ley del hielo pero al final de su Doctrina Política saca avante a un país o a un continente o una reforma económica que mueve el mecanismo mundial del comercio y por ende mayores oportunidades de vida y de empleo; bueno son las espinas de la integridad, sacrificio y amor por un pueblo del cual se ha nacido por eso para elaborar leyes de reforma y no de reforma se necesita amar a su nación y estar conciente de sus raíces como el Benemérito de La Americas. San Juan 1: 12 Mas a todos los que le recibieron, a los que creen en su nombre, les dio potestad de ser hechos hijos de Dios; El Estado también tiene hijos y estos son su pueblo gobernado que creen en so dogma de gobernatura sea capitalista o socialista y también el Estado les da el derecho de residencia y así El Estado los llama sus hijos o hijos del Ente Divino o engendrados por el Espíritu de Dios o de La idea del Estado o el Espíritu en sinónimo de idea. San Juan 1: 13 los cuales no son engendrados de sangre, ni de voluntad de carne, ni de voluntad de varón, sino de Dios. Es decir en este razonamiento El Estado nacionaliza a personas extranjeras que en el acto de nacionalizarse están plenamente consientes de que obtendrán derechos y contraerán obligaciones de garantía individual y con respecto a la constitución de cada Estado, los cuales no son hijos naturales del Estado por herencia de sangre sino por las ideas las cuales defienden de un Estado o Nación haciéndose hijos adoptados o postizos de dicha nación. San Juan 1: 14 Y aquel Verbo fue hecho carne, y habito entre nosotros y vimos su gloria, gloria del unigénito del Padre, lleno de gracia y de verdad. La palabra de la organización para fundamentar las bases del Estado estaban ya premeditadas solo había que poner las manos en acción o en obra para que de la palabra de unidad social se consolidara El Ente Abstracto Estado que gozaría de la gloria que una sociedad le diera de acuerdo a su factibilidad de desempeño y que en su diversificación y crecimiento fuera creciendo el Estado en gracia o humildad y en sabiduría o conocimiento, y estatura o poder de dominio por eso no cualquiera puede ser un Mandatario de Gobierno ni por elección popular por que el pueblo gobernado no tiene, ni las bases ni las herramientas necesarias para designar a sus gobernantes solamente el pleno de la cámara de cenadores y diputados y pensadores como poetas, escritores y disidentes de la forma actual de gobierno por que es necesario que alguien nos enmarque nuestros errores para corregirlos, si y solo así de esta manera habrá gobernantes de Estado de talla mundial por nación. San Juan 1: 15 Juan dio testimonio de él, y clamo diciendo: Este es de quien yo decía: El que viene después de mi, es antes de mi; por que era primero que yo. Aquí hablamos de la permanencia del Estado a través de los siglos en una determinada forma de gobierno y donde el Estadista al único que sirve es al Estado engrandeciéndolo y dando fe de su integridad del conjunto que lo forma. San Juan 1: 16 Por que de su plenitud tomamos todos, gracia sobre gracia. La confianza y protección que brinda el Estado a la sociedad es magnánima y por lo tanto cunado hay un desastre en dicha sociedad de los impuestos delegados al Estado para el desastre el Estado de gracia da sustento económico y apoyo militar al sector de dicha sociedad afectado. San Juan 1: 17 Pues la ley por medio de Moisés fue dada, pero la gracia y la verdad vinieron por medio de Jesús Cristo. Es verdad el Estadista legisla pero la permanencia del Estado compete a todo político en función de su gobernatura y en este conjunto de normas, leyes y reglas viene la gracia y la verdad para un pueblo gobernado en el cual el Estado vela por sus intereses y donde la soga no la aprieta mas de lo debido sino lo necesario para no perder autoridad y poder evitar la degeneración de la sociedad y su descompocision promoviendo una anarquía de comportamiento social. San Juan 1: 18 A Dios nadie le vio jamás; el unigénito Hijo, que esta en el seno del Padre, él le ha dado a conocer. El Estado es totalmente abstracto y etéreo es un Ente que formamos todos desde los gobernados hasta los gobernantes o sea sin sociedad no hay a quien gobernar y el Estado no tiene condición de Ser y sin Estado es la anarquía de la sociedad y su extinción siendo la comuna de tierra la ultima forma de Estado que imperaría y de agrupación social para la supervivencia del Ser Humano, el unigénito Hijo no es mas que la mutabilidad a; de un Estado Bélico a un Estado abstracto de gobierno basado en el ""Dialogo o La Palabra o El Verbo"" y por ultima instancia pasando a un Estado Idealista y Perfecto. San Juan 1: 19 Este es el testimonio de Juan, cuando los judíos enviaron de Jerusalén sacerdotes y levitas para que le preguntasen: ¿Tu quien eres?. Y no hay mas los Estadistas testifican del poder del Estado engrandeciéndolo haciendo mas grande la antorcha de la ""Libertad"" donde a un se esta en querella por los derechos con instancias menores de defensa del pueblo o Abogados y los que alaban a los lavaros patrios; dicho en tal nación elevan al Estadista a tal posición de magnánimo que lo elevan a la calidad de un dios y si es perfecto como un Cesar Romano lo llaman Señor y Dios, Y ¿Tú quien eres?. San Juan 1:20 Confeso y no negó, sino confeso: Yo no soy el Cristo. Simplemente el Estadista es un representante del ""TODO"" por gobernar como sociedad y territorio y vida animal, vegetal pues son los recursos naturales de los cuales depende la economía de un pueblo su manutención de vida por eso Los Cesares de Roma fungían como Dios pero esta fue una dinastía basada mas en la lealtad de palabra que en lo administrativo de una elección popular de conducción de registro. San Juan 1: 21 Y le preguntaron: ¿Qué pues? ¿Eres tu Elías? Dijo: No soy. ¿Eres tú el profeta? Y respondió: No. La calidad de gobernatura siempre traerá que nos comparen con los grandes Estadistas de la Historia Universal. San Juan 1: 22 Le dijeron: ¿Pues quien eres? Para que demos respuesta a los que nos enviaron. ¿Qué dices de ti mismo?. El prestigio y lo tan alto que este Estadista pueda poner a su nación ante el mundo y ante el máximo órgano rector de paz mundial; La ONU, por haber pasado de un ámbito primitivo de sociedad dejando lo bélico a un estado soberano de proyección social moral y de norma de ley para una supersociedad. Dejando el pleno poder al Estado, es así como muchos preguntaran por dicho Estadista **""¿Qué dices de ti mismo?""**. San Juan 1: 23 Dijo: Yo soy la voz de uno que clama en el Desierto: Enderezad el camino del Señor, como dijo el profeta Isaías. Todo acto de justicia comienza por uno mismo en la convicción de que es lo que queremos para nosotros, nuestros descendientes y que queremos para los que nos rodean o nuestra sociedad y así se comienza un calvario de debate de ideales en nuestras vidas promoviendo y perfeccionando al Estado De Derecho y reformando leyes y haciendo propuestas de ley citando a los antiguos profetas o legisladores que nos dieron patria y a demás ideólogos e ilustradores como en Francia que impacto a un mundo carente de justicia. San Juan 1: 24 Y los que habían sido enviados eran de los fariseos. El fariseo era un religioso judío inflexible basado en la ley mosaica o el Pentateuco de Moisés que hablaba lo rígido de un Estado religioso pero que por lo inflexible no de su ley Mosaica sino de los gobernadores que la aplicaron se diversifico en varias divergentes del judaísmo y de aquí podemos aprender que la inflexibilidad para un legislador y su Estado traerá la división de ideas de gobierno y su rápido derrocamiento por no mutar con el cambio de la sociedad, así pues los diezmos para los fariseos eran y son sagrados o sea el dinero y en esto podemos saber que el dinero y la inconciencia de poder corrompen cuando no se tiene bien cimentadas las bases del bien común desinteresado, así pues futuro Estadista en el orden de todas las cosas lo preponderante en tu formación es tu criterio de acción moral o del mundo del Deber Ser y esto se mama desde tu familia con tus padres en casa o sea te quieres conocer mejor y bien analiza a tus padres biológicos o progenitores y entonces sabrás tus capacidades y conocerás tus limites encontrando nuevos limites de trampolín para superarte y aumentar tus capacidades. San Juan 1: 25 Y le preguntaron, y le dijeron: ¿Por qué, pues, bautizas, si tu no eres el Cristo, ni Elías, ni el profeta? Siempre habrá disidencias y malas voluntades debido al éxito de nuestra forma de gobierno exigiéndonos razón del por que ejecutamos tal forma de gobierno con tanto éxito evocando Al Estado mutante de Dios Padre a Dios hijo y evocando a antiguos profetas o legisladores de extraorbitante influencia y el bautismo es la consagración a una forma de gobierno y de Estado como el socialismo y el capitalismo. San Juan 1: 26 Juan les respondió diciendo: Yo bautizo con agua; mas en medio de vosotros esta uno a quien vosotros no conocéis. Yo hago prosélitos radicales de derecha mas el fin es La Gloria Del Estado o Del Cesar Romano. San Juan 1: 27 Este es el que viene después de mi, el que es antes de mi, del cual yo no soy digno de desatar la correa del calzado. Aquí esta la razón del servicio del Estadista o sea servir al estado o a Dios o al Cesar con una actutid de ""humildad"", el problema del Estado fariseo fue la opulencia a costa del pueblo gobernado y la emancipación de gobernante sobre su gobernado en una superioridad de santidad religiosa o de superioridad por el saber mas cuando esto tiene que ser para estar al servicio del Estado que también es la sociedad como antes ya lo habíamos explicado. San Juan 1: 28 Estas cosas sucedieron en Betabara, al otro lado del Jordán, donde Juan estaba bautizando. Es imposible evitar la fama y el buen nombre una vez que la Box Pópulos ha oído de tu acertividad para dirigir a una nación. San Juan 1: 29 El siguiente vio Juan a Jesús que venia a él, y dijo: He aquí el Cordero de Dios, que quita el pecado del mundo. Es así como el gobernante va al gobernado o sea el mas fuerte busca al mas débil para ayudarlo para quitar su pecado o dolencia o para ver que le hace falta al gobernado o pueblo; es te es el deseo del gobernado ver que su Dios o Estadista esta interesado por este mismo pueblo o sociedad a través del dialogo. San Juan 1: 30 Este es aquel de quien yo dije: Después de mi viene un varón, el cual es antes de mi; por que era primero que yo. Aquí vamos a hacer una preponderancia de sexo y masculinidad y no por eso excluimos al sexo tenaz y sensible y también optimo para un Juez y Estadista... Pero hagamos reflexión el articulo (él) denota al Estado masculino y es en su cien por ciento real por que en la sociedad mando el mas fuerte físicamente y este fue el sexo masculino que por selección natural y condiciones biológicas de reproducción se avoco a la provisión para la reproductora de la especie o el sexo femenino; esto fue hace dos mil años, pero con los cambios de ideologías y un sociedad mundial cada ves mas mutada en su organización y valores el sexo femenino pudo tener participación en el cambio de su sociedad así como en su gobierno y un ejemplo de esto tenemos a la Dama De Hierro Inglesa Margaret Tacher y su trayectoria intachable y gran influencia que ejerció sobre el siglo pasado en el mundo, y bueno no es por demás hablar del mundo de las ideas de Sócrates donde se concibió al Estado De Derecho y donde gobernados y gobernantes somos el ""TODO"" o ""DIOS"" en un Estado ideal de justicia o diciendo ""**Por que era Primero que yo**"" hablando del Estado y su concepción ideal. San Juan 1: 31 Y yo no le conocía; más para que fuese manifestado a Israel, por esto vine yo bautizando con agua. Aquí viene manifestado el principio de cómo se fundamenta y crea un Estado que es a través del pregón de la palabra; es decir joven Estadista todos somos sujetos de cambio ideal o nuevas formas de gobierno o de visiones futuristas de un Estado cada ves mas coherente; pero los visionarios comienzan con su pregón o campaña política de Gobierno pero no basta con tener la facultad del pregón y la palabra sino la capacidad de discernir el tiempo y momento exactos de transmitir la idea del pregón a través del evangelismo político o explosión de una idea o un ¡¡¡bum!!! Ideológico o la novedad de la verdad que siempre estuvo escrita y esto se refuerza con un milagro o muchos milagros; la promesa de que cuando este Estado ascienda al poder de tu corazón o mente en razocinio este Estado cubrirá tus necesidades con medicina, alimento y trabajo para el buen vestir pero para que no te apartes de esta ideología de Estado y forma de gobierno te imparte su doctrina de Estado por su Gobernatura esperando que cada reelección de Estadista mantengas la misma ideología de Gobierno a través del discipulado o proselitismo ideológico; sea capitalista o socialista. San Juan 1: 32 También dio Juan testimonio, diciendo: Vi al Espíritu que descendía del cielo como paloma, y permanecía sobre él. El poder emblemático de una bandera y símbolo patrio y el poder que el Estado concede al Estadista, Mandatario y Dignatario, y además la inspiración del cielo que viene en forma de paloma hablando de la inspiración de paz nacional y una paz mundial que todo gobernado y gobernante anhela. San Juan 1: 33 Y yo no le conocía; pero el que me envió a bautizar con agua, aquel me dijo: Sobre quien veas descender el Espíritu y que permanece sobre él, ese es el que bautiza con el Espíritu Santo. En esta marejada de candidatos al Estadisto y de haber hecho nuestros prosélitos de convicción de la fuente de la vida antes mencionado en la simbología del bautismo en agua, el poder de gobernar debe de ser con justicia blanca o de sumo castigo en poder o de reconocimiento emblemático por el Estado a quien lo amerite; y bueno hay que disertar un poco; la transferencia de un Estado bélico Dios Padre a un Estado de dialogo Dios hijo o El Verbo a otro Estado de Poder o Dios Espíritu Santo que es aplicable solo cuando lo amerite como la defensa y perpetración de la especie humana. San Juan 1: 34 Y yo le vi, y he dado testimonio de que este es el Hijo de Dios. La integridad de un Estadista de haber sido persuadido por la verdad del verbo o de la manera de conciliar los intereses a través del dialogo o de la magnanimidad del Estado y de decir esto es la verdad. San Juan 1: 35 El siguiente día otra vez estaba Juan, y dos de sus discípulos. Bueno el adoctrinamiento de corriente política de un Estadista a sus sucesores. San Juan 1: 36 Y mirando a Jesús que andaba por allí, dijo: He aquí el Cordero de Dios. A decir verdad el Estadista o Cordero de Dios traducido en este pasaje así de esta manera pone a relucir que el acto de juicio lo ejecuta el Estado o Dios y es totalmente ajeno al Estadista el juicio dictado sea para condena o para libertad así que el Estadista solo es un Testigo de La Verdad o un Cordero blanco símbolo de la paz a través del dialogo entre los diferentes Estados de las diferentes Naciones. San Juan 1: 37 Le oyeron hablar los dos discípulos, y siguieron a Jesús. Simplemente aquí vemos la identificación de ideas y de principios; se entiende que el evangelio es paz entre el Estado y sus gobernados a través de del dialogo y la conciliación de intereses y si un ser humano asiente ante esta idea es un simpatizarte del Estado sea capitalista o socialista, este mismo sigue a Jesús por la identificación común de ideas. San Juan 1: 38 Y volviéndose Jesús, y viendo que le seguían, les dijo: ¿Qué buscáis? Ellos le dijeron: Rabí (que traducido es, Maestro), ¿donde moras?. Aquí podríamos hablar del Estado pero en esta ocasión vamos a hablar de la cortesía y del ser hospedadores con toda diplomacia y no se puede evitar el que otros sean simpatizantes de nuestros ideales como Estadistas así que no seamos celosos de los que nos costo aprender y compartamos bajo la morada del dialogo nuevas ideas para gobernantes y gobernados en el calor de una amistad símbolo de hegemonía y una paz mundial. San Juan 1: 39 Les dijo: Venid y ved. Fueron, y vieron donde moraba, y se quedaron con el aquel día; porque era la ora décima. Las palabras venid y ved significan vengan y comprueben lo que soy y lo que les digo es verdad, es cierto el dialogo es muy importante pero sin hechos reales comprobables no tiene el dialogo fuerza de efecto real. San Juan 1: 40 al 51 Andrés, hermano de Simón Pedro, era uno de los dos que habían oído a Juan, y habían seguido a Jesús. Habla de una serie de ánimos exaltados entre los futuros apóstoles de Jesús por haber encontrado a su Maestro y las nuevas aventuras que como ministros del evangelio les esperarían o sea la vida del Estadista no es una vida aburrida y menos sin significado donde nada le cuesta trabajo conseguir o todo se lo dieron sus padres, ¡No!, un Estadista es un líder que con ninguno o con dos seguidores o discípulos a un así es capaz de levantar un Imperio pensando en que los imposibles no existen Proverbios 16: 31 Mejor es el que tarda en airarse que el fuerte; Y el que se enseñorea de su espíritu, que el que toma una ciudad. Ahora aludamos a la sociedad de los Poetas Muertos Que Pelearon como Guerreros Inspirados en un Emblema, el de la Libertad del Escribano; El poema dice así: Todo o nada, mi vida por oler tu flor, el suave aroma de la gloria de donde el ruiseñor canta el canto de los escribanos, y quizá yo te vi como el pequeñuelo insipiente en tu vehemencia de libertad y justicia pero a que me gloriare sino en verte como el gladiador que esgrime su espada en pluma con la maestría del escultor que esculpe a una nación con su hecho de ley mas a un con un poeta guerrero de la sociedad de gladiadores que a una derramaron sus entrañas y que con el rugido de un león toda una nación inclina su cabeza como un solo hombre; dime ¡OH! Heraclito y tu Atenea donde quedo tu derecho de legislo si en el clarín de tu escudo o en lo contundente de tu lucha, mas aun yo te desposare nación mía en mi ejercicio de amante te engendrare mis hijos ¡OH! nación de la dulce flor en la que embebí tu aroma de diez miles de placeres pero acepte el placer del sacrificio por mi nación y el placer de la crucifixión como un Estado soberano, libre e independiente. Ahora hablemos del Estadista en su fuerza en cualquier sentido; en el juego de ajedrez los peones o el pueblo gobernado siempre están adelante y los reyes y nobles a tras o el Estado y quien ejecuta la sanción o ayuda al pueblo, ¿Por qué? Por que los reyes y sus nobles o un gobierno siempre sustentan y defienden a sus peones o pueblo y además son la base de hegemonía moral de un país, pueblo o nación; en las pasadas épocas los mas fuertes, capaces e inteligentes y con calidad humana o nobles fueron los grandes Estadistas, conquistadores y pensadores de la era Antigua de la humanidad que nos dejaron sus legados hasta nuestros tiempos; así que en Romano 15: 1 Así que, los que somos fuertes debemos soportar las flaquezas de los débiles, y no agradarnos a nosotros mismos. Así es; esta es la razón de ser de un líder o Estadista soportar al más débil para ayudarlo y esto denota, buenos sentimientos, ayuda desinteresada, amor por la vida, un optimismo, y calor humano. Romanos 15: 2 Cada uno de nosotros agrade a su prójimo en lo que es bueno, para edificación. Esto hace mención a un punto neurálgico de unidad moral, si, es decir; la Biblia le llama a edificarse en amor a fomentar una idea o ideal a través del mutuo afecto en lo que nos gusta que nos agraden, puede ser un piropo por nuestro buen gobierno o un reconocimiento por los medios masivos de comunicación y todo mundo se entera, y el orgullo de gobierno y de una nación y de nuestro ejercicio como Estadista superedditan la moral a tener una fiesta navideña en pleno verano donde no importa nada solo el estrecharnos las manos como nación libre e independiente y darle un abrazo al mundo en señal de amistad. Este acto edifica ""La paz"" de una nación o del mundo. Romanos 15: 3 Por que ni aun Cristo se agrado así mismo; antes bien, como esta escrito: Los vituperios de los que te vituperaban, cayeron sobre mí. El Estado no esta para agradarse así mismo y pues en un caso fortuito tampoco a la sociedad sino en la proyección en un cambio de esta entonces puede haber inconformidades y terminaran en vituperios hacia todo gobernante de toda instancia de gobierno al vituperar al Estado. Romanos15: 4 Por que las cosas que se escribieron antes, para nuestra enseñanza se escribieron, a fin de que por la paciencia y la consolación de las escrituras, tengamos esperanza. Los hechos del pasado y sus experiencias que se legislaron quedaron como ejemplo de cómo se debe gobernar y dirigir a una nación y sociedad y no cometer los mismos errores. Romanos 15: 5 Pero el Dios de la paciencia y de la consolación os de entre vosotros un mismo sentir según Cristo Jesús. Paciencia y consolación son características de Estado con respecto a su pueblo y sociedad gobernada, y el mismo sentir se refiere a una misma idea como nación o a tener los mismos ideales como patria y sus símbolos que nos dieron una nación. Romanos 15: 6 para que unánimes, a una voz, glorifiquéis al Dios y Padre de nuestro Señor Jesús Cristo. Esto es lo que hemos venido tratando la unidad popular al Estado lo fortalece y lo eleva a la calidad de Dios o de Supremo Poder que gobierna a un pueblo o nación. Romanos 15: 7 Por tanto, recibíos los unos a los otros, como también Cristo nos recibió, para gloria de Dios. El ejemplo lo pone el Estado a sus gobernados y sus gobernantes; ya habíamos hablado de la clemencia, tolerancia o misericordia o de la parábola del buen samaritano que en su aplicación se puede ver de muchas maneras y de muchas formas o mejor dicho de todo hay en la viña del Señor o del Estado y para la conciliación de intereses no se puede hacer bajo el régimen de la violencia ni bajo el régimen de puño de hierro con guante de terciopelo para la hermandad de una nación, tal vez para el trato de país a país aunque esto estorba la relaciones diplomáticas y la paz por así decirlo mundial, pero siempre hay un camino para hacer las cosas correctamente aunque no siempre sea el camino justo así que avancemos como sociedad de gobernados y como sociedad de gobernantes también por los medios económicos y la influencia que podamos ejercer. Aquí en el Evangelio de San Juan habla de temas muy importantes en cuando el poder que concede el Estado a sus legisladores y Estadistas en sus diferentes ordenes; empecemos: San Juan 15: 1 Yo soy la vid verdadera, y mi Padre es el labrador. El poder conferido por Dios Padre o el Estado Total a su Hijo Jesús Cristo o Estadistas media un poder de de tres niveles de delegación de poder como: Dios Padre-Dios Hijo-Feligreses o Estado-Legisladores- Sociedad y donde Dios Padre que labra es el Estado que rinde servicio en humildad a través de sus legisladores a la sociedad, o sea prepara la tierra o sabe de que forma manejar la economía y política de gobierno o forma de fertilizar la tierra de labor de siembra o en que sector de sociedad de infraestructura invertir el Estado su dinero. San Juan 15: 2 Todo pámpano que en mi no lleva fruto, lo quitara; y todo aquel que lleva fruto, lo limpiara, para que lleve mas fruto. El Estado y su obra es que el que delinca o no lleve fruto para el Estado y sus normas económicas, política y sociales lo desinserta de la sociedad a través de la privación de la libertad o libertad condicional y para el Estado un pámpano que lleva fruto o es un ciudadano modelo aunque no cuente con los recursos económicos suficientes, el Estado lo despeja de cualquier estorbo y lo proyecta a dicho ciudadano mas arriba para que lleve mas fruto en el ámbito social, político y económico o sea el Estado coopera siempre y cuando sus recursos se aprovechen de forma optima invertidos en un ciudadano modelo. San Juan 15: 3 Ya vosotros estáis limpios por la palabra que os he hablado. Puestas las cosas en claro por el Estado gobernante a la sociedad gobernada a través de la doctrina de Gobierno del Estado se puede considerar a la sociedad un pueblo gobernado sano para los intereses del mismo Estado y de la sociedad misma o algo limpio o blanco. San Juan 15: 4 Permaneced en mi, y yo en vosotros. Como el pámpano no puede llevar fruto por si mismo, sino permanece en la vid, así tampoco vosotros, sino permanecéis en mi. Es decir aquí habla de unidad política con la sociedad en un mismo pensamiento para dar respeto de Estado de Derecho al mismo Estado por su sociedad gobernada, pues aquí vemos que la labor del Estadista y sus legisladores es la de la permanencia de sus ideales de Independencia como nación y de movimiento revolucionario pero con la consigna de que la sociedad va mutando junto con sus ideales de vida y economía y es la manera en que Estado y sociedad son uno o El Estado Total donde la sociedad engendra al mismo Estado o es la fuerza de gobierno del mismo dando como fruto la vida abstracta del mismo en una sociedad naciente cada centuria y que además nunca muere o sea el fruto permaneciendo en el Estado y sus ideales de gobierno o en Dios Hijo por el abstracto en concepto Estado o Dios Padre. San Juan 15: 5 Yo soy la vid, vosotros los pámpanos; el que permanece en mí, y yo en el, este lleva mucho fruto; por que separados de mi nada podéis hacer. Aquí habla del Mundo del Ser y de la estrecha relación que debe de haber entre los gobernantes y su pueblo o sea una hermandad y como símbolo de orgullo nacional el Mandatario que une al pueblo bajos sus leyes y leyes de reforma; por esto dice este pasaje bíblico YO SOY LA VID o la vida o fuerza moral que transfiere o transmite el Estadista a su sociedad o pueblo gobernado así que ve pensando futuro Estadista si quieres dar la vida por tu nación en la crucifixión de vituperio por tu Doctrina de Estado o Política de Estado y de Estado de Derecho incomprendida por una nación a la cual amas y por la cual darías tu vida o la comúnmente llamada unidad nacional *pueblo + gobernantes + Estado Abstracto = (Poder) = (unidad moral de pueblo o nación) = (sacrificio por parte de una nación hacia su pueblo y hacia sus gobernantes y viceversa) = ESTADO*. San Juan 15: 6 El que en mi no permanece, será echado fuera como pámpano, y se secara; y los recogen, y los echan en el fuego, y arden. El agente discriminante de la unidad es no obedecer las normas jurídicas, sociales, políticas y económicas del Estado en la sociedad gobernada por este mismo o SERA ECHADO FUERA o aniquilado por ser un agente que va en contra de la supervivencia de mismo Estado y su sociedad y por ende se entiende que esta unidad de agente discriminante putrefacta a la demás sociedad en unidades particulares exponenciandose el problema a través de una década o menos. San Juan 15: 7 Si permanecéis en mí, y mis palabras permanecen en vosotros, pedid todo lo que queréis, y os será echo. El adoctrinamiento de la sociedad o del pueblo gobernado siempre es a través de la palabra hablada con un acto de echo como el sacrificio de los gobernantes por cumplir ellos mismos su doctrina Política de Estado siendo ejemplos vivos de vida y de persona para la sociedad sino como creerán los gobernados en el Estado de Gobierno y sus representantes; y es así como el Estado una vez que su sociedad gobernada lo mantiene y el Estado gobernador concede derechos a la sociedad y todo lo que esta pida una vez que esta dicha sociedad respete al mismo Estado de Derecho y cumpla las ordenes de este mismo. San Juan 15: 8 En esto es glorificado mi Padre, en que llevéis mucho fruto, y seáis así mismo mis discípulos. El Ente Estado es glorificado al honrarlo y por ende la sociedad recibe honra y sus Estadistas prestigio y honra o sea un todo; no podemos olvidar que desde tiempos ancestrales no solo la vida inteligente animal se agrupa para sobrevivir sino también la vida irracional animal y hasta por así decirlo la inteligencia vegetal que se orinta por el sol inclinándose hacia este o que reacciona dicha vida inteligente vegetal a los tonos de sonido ecuánimes o rechinantes apagando a la planta o infundiéndole vida y una supuesta alegría así que la agrupación animal y vegetal para sobrevivir no es contra la vida misma animal o vegetal sino contra los agentes externos climáticos, geográficos y provisión de alimento y de pestes biológicas que atentan contra la vida vegetal y animal; y desde aquí podemos ver a la jauría hambrienta de lobos que en la planicies de USA y Canadá atacan a los alces y vemos a una civilización Homo Sapiens Sapies monopolizando al planeta Tierra ingiriendo alimentos desde ovíparos hasta bovinos y desde reptiles hasta huevos de avestruz y por que si somos civilizados nos valemos de lo recto y de lo justo para sobrevivir y además lo que nos sirva como elementos naturales y vidas animales y vegetales las procuramos para nuestra manutención física, de ropa, y de alimento, y de vivienda y posteriormente de transporte mecánico o animal así que debemos legislar a favor del uso adecuado y consientes de los recursos naturales cualesquiera que sean estos para sobrevivir como civilización humana. San Juan 15: 9 Como el padre me ha amado, así también yo os he amado, permaneced en mi amor. El permanecer en el amor de Dios, es permanecer en el poder de Dios o en este caso permanecer en el poder del Estado a través de la sustentación de la palabra del mismo Estado y del cumplimiento de sus normas por la sociedad; para que esta misma sociedad tenga poder que le imparte el Estado en sus derechos y garantías individuales: El amor en la biblia es símbolo de Poder delegado por los derechos que imparte la obediencia al mismo Dios o Estado de Derecho. Y el sentirse amado por Dios o El Estado es la gloria o recompensa de honra hacia el Estadista por su buen gobernar y también objeto de obediencia de este Estadista hacia su mismo Estado y normas, y los gobernantes son las nodrizas que amamantan al pueblo, ¿Cómo? Escuchándolo y concediéndole suplir sus necesidades y peticiones de derechos y de mejores condiciones de vida. San Juan 15: 10 Si guardareis mis mandamientos, permaneceréis en mi amor; así como yo he guardado los mandamientos de mi Padre, y permanezco en su amor. Permanecer en el amor de Dios o del Estado es permanecer en el poder de este, ¿Cómo? A través de la ""**obediencia**"" de las normas del Estado Político que nos confieren autoridad y poder de ejercicio en base a nuestros derechos. San Juan 15: 11Estas cosas os he hablado, para que mi gozo este en vosotros, y vuestro gozo sea cumplido. El gozo es una fuerza moral de alegría que se transmite a través de una idea y del cumplimiento de la misma. Nehemías 8: 10 Luego les dijo: Id, comed grosuras, y bebed vino dulce, y enviad porciones a los que no tiene nada preparado; por que día santo es a nuestro Señor; no os entristezcáis, por que el gozo de Jehová es vuestra fuerza. Es decir es labor del Estado infundir la debida fuerza a su pueblo gobernado a través del consejo y de la doctrina moral de norma de la constitución de cada nación. No es lo mismo defender un ideal con la alegría o gozo que con un espíritu o idea contrita y humillada o sin fuerza moral o sin alegría o sin gozo; simplemente el pueblo gobernado y sociedad están muertos y sin vida moral de efecto de fuerza para aplicarla. San Juan 15: 12 Este es mi mandamiento: Que os améis unos a otros, como yo os he mandado; es simplemente Lo Que El Benemérito de Las Américas pronuncio ""**El respeto al derecho ajeno es la Paz**"" o el mantenerse en la autoridad y poder del Estado a través de la obediencia a las normas del Estado sin transgredir los derechos de los demás y esto trae como consecuencia ""**La vida En Paz**"". Como vemos es ineludible la responsabilidad del Estado sobre su sociedad pues este mismo es el que la conforme de a cuerdo a intereses económicos, políticos, explosión demográfica, y de mejoramiento de condiciones de vida, es así como el Estado es el que infunde movimiento en la sociedad ya que esta misma le confirió todo el poder al Estado así que la sociedad solo se encarga de preservar a la especie y de mantenerse así misma y por el lado del Estado este la gobierna y protege en el sentido figurado de El Estado es el Esposo y La Sociedad Gobernada es La Esposa así que el Estado suple necesidades de la sociedad para su subsistencia y la sociedad a través de este poder del Estado engendra vida como la sociedad preñada por el Estado o sea una simbiosis abstracta de vida de una organización meramente social.

El Mundo Del Deber Ser Y El Mundo Del Ser En Base De Criterio De Lo Recto No Siempre Es Lo Mas Equitativo O Justo Si No Lo Mas Viable

¿Por Qué?

INTRODUCCION

A lo largo de la vida el ser humano ha tenido la necesidad de aplicar su conocimiento que no es tarea fácil para lo cual ha tenido que evolucionar como conjunto en general por el bien común es así como el ser humano ha tratado de impartir justicia desde el mas correcto y viable punto de vista lo equitativo aunque a unos les toque mas y a otros menos; pero en este suvenir de responsabilidades de conciencia interviene lo viable por que aun no se ha encontrado el camino perfecto de aplicación de ley pero la sociedad sigue avanzando y sobre la marcha se tiene o que innovar o que improvisar, tal ves poniendo parches o tal ves dando soluciones pero no hay que dejar que el barco se hunda por que esto significa el exterminio de la sociedad Homo Sapiens Sapiens.

CONTRAPORTADA

La vida nos pone muchas pruebas pero solo los mas aptos sobrevivirán y los mas débiles serán soportados es decir se trabaja por el bien común de la sociedad donde todos los eslabones de la cadena en su existencia son necesarios por lo tanto se debe cuidar por el bien común partiendo desde el punto mas común y primario la conciencia de la especie Homo Sapiens Sapiens y para esto se debe normar su conducta ya no desde la norma Divina o de Dios sino desde la norma de una Súper Sociedad que apela a la Razón, a la verdad y a la conciencia de aplicación real, viable y lo mas correcta que se pueda y para esto hemos dado todo un razonamiento de base que de el soporte necesario para el joven Estadista de legislo en este segundo tomo del compendio ""**Las bases de un Legislador Estadista de Legislo**"", no es tarea fácil sino de una voluntad férrea y de un compromiso maternal por su sociedad gobernada. El estudiante de legislo lo será toda su vida no por amor al conocimiento sino por lo innato de su llamado al compromiso y al sacrificio de su sociedad emblemática de un padre paternal llamado Estado.

DEDICATORIA

En las grandes eras históricas este libro lo dedico a la tribu de Guerreros llamados los UNOS y su Líder Atila por la sociedad barbará que fue el terror y ejemplo de lo que se puede hacer cuando hay coraje y voluntad más convicción en un ideal justo de raza.

EL MUNDO DEL SER

El mundo del Deber Ser no necesita del mundo del Ser o metafóricamente dicho de esta manera el Oxigeno para la vida es de vital importancia en su 100 % pero la vida no es de vital importancia para el Oxigeno en un 0%. Es así como el mundo del Ser obtiene movimiento y se desplaza hacia donde el mundo del Deber Ser así lo indica o el Oxigeno que le da vida al mundo del Ser y en si el mundo del Ser asiente siempre por una moral de justicia basado en; quien quiere estar en sus zapatos hablando de un condenado a purga de sentencia en una penitenciaria a 50 años de condena, por eso es tan fuerte la moral de aplicación para el mundo del Ser que es tan libre en el viento como una hoja volando y tan limitado cuando no tiene la fuerza moral para emprender el vuelo y siempre dependiendo de otras fuerzas que le den motivo al mundo del Ser para moverse. En el mundo del Ser esta implícito la grandeza de un Estado sea para una vida digna o sea para ganarse un nombre peyorativo como ""Ladrones de Cuello Blanco"". Es decir; el mundo del Deber Ser ya lo dijo todo para el mundo del Ser; y ahora es cuando en la vida terrena compele todo al aplicante de la ley en razón aplicar criterio de ley que no siempre es fácil: Bueno hablemos como el aplicante de ley en base a la razón puede disertar en base a un razonamiento de facto real y de criterio recto aunque no siempre sea justo o equitativo. **La Razón,** el punto mas viable para llegar a otro punto de partida o lo recto que por la tolerancia o misericordioso de una situación asiente en un juicio de reducción de condena por buen comportamiento y para la parte ofendida no fue ni lo mas justo y menos lo mas equitativo cuando se trata de una violación en estupro o el homicidio de una familia en el asalto a una casa habitación, ¿A quien defender? Si el ofendido demanda justicia y el agresor ya se arrepintió o enmendó de donde la misericordia triunfa sobre el juicio y esto es parte del mundo del Deber Ser aplicar la ley con criterio en base al mundo del deber Ser o la tolerancia o la misericordia sabiendo que todos en la sociedad somos sujetos de transgredir la ley así como resultar afectados por otros; entonces en la tolerancia de la ley esta no el éxito de un individuo sino de la sociedad en común por que tan fuerte es una cadena como su eslabón. Así que la base mínima de una sociedad es la familia como una célula del cuerpo humano y si dicha célula se corrompiere o contrajera cáncer y no se detecta a tiempo corrompe a las demás células trayendo así la extinción de una vida o de un grupo de individuos o de una sociedad mas compleja; es por esto que la ley tiene dos filos el del juicio y el de la misericordia; tanto para hacer misericordia como para dar un justo castigo y viceversa o sea mantener el equilibrio en la sociedad gobernada, no es fácil; requiere de mucha labor de deslindamiento en lo justo y equitativo y muchas veces interviene lo visceral o lo sentimental, y ahí se acabo la justicia para dar paso a lo injusto y a una mancha en tu currículo de excelencia legislativa y de aplicación de ley. No es lo mismo para un proletariado gritar a los cuatro vientos el capitalismo y neoliberalismo son farsistas que para un primer ministro en los medios masivos de televisión y a la hora de mayor audiencia por los canales nacionales de su país o dicho de otra manera no es lo mismo un golpe de un niño de 5 años como el proletariado que el golpe de un Campeón de los pesos pesados de box o sea no hay limite de comparación. Ante tal pauta para aplicar las leyes del mundo del Ser que se recomienda; se recomienda el dialogo inteligente y sabio con tacto, y también para legislar y para aplicar y ejecutar la ley se necesita estas virtudes que solo se adquieren con el estudio, yo sinceramente recomiendo leer a los grandes filósofos y sus doctrinas de amor al conocimiento y también la obra excelsa y magistral la Biblia; estos escritos entrenan la mente y la programan en su ámbito subconsciente e inconsciente o dime de que te alimentas y te diré de que estas hecho. **La Razón** va de la mano con el triunfo y concede a la sabiduría el estrado más alto o sea el de juez imparcial y clemente a la vez. Las guerras nos han enseñado como pueblos del mundo y naciones en particular que la inteligencia y mutuo perdón son los caminos más viables para conciliar intereses y obtener soluciones o sea La Razón. Darle la espalda a la razón es la anarquía de la razón misma y su extinción ante el mundo del Deber Ser y el aniquilamiento de la sociedad gobernada. La razón y el mundo del Ser aunado a la honra son las bases para aplicar las leyes en el mundo del Ser: Por ejemplo la razón basada en que todos somos seres humanos y por lo tanto tenemos necesidades que si están a la mano las podemos suplir para nuestro congénere y si no aludir a la razón de que no todo lo podemos hacer y de que también tenemos necesidades, así que la justicia del mundo del Ser alude no solo a las autoridades y políticos sino también a toda la sociedad desde cooperar para un orfanato o para una asociación civil, o cooperar con el Estado a hacerle participes de nuestras ideas para mejora de la sociedad y de los gobernantes; esto es una simbiosis de razón de aplicar la ley, pero si gobernados y gobernantes se rigen por lo visceral y sentimental vamos a tener por presidentes a Calígulas y a Nerones con un pueblo Romano bulímico y en orgias que degenerara en la extinción de un Imperio y nación como Roma La Grande. Y la historia que nos enseña a través de un pueblo pequeño y humilde, y raros si asi los quieres llamar que basados en una cursilería de la ley Mosaico y sus arcaicas tradiciones y practicas son los dueños de la economía del mundo a base de trabajo, esfuerzo, disciplina, normas sanitarias de honor y dignidad, estrictos regímenes alimenticios y enarbolar la justicia de un Dios es su Estado que fue religioso de su Fe Judía y que no los cambian por nada, y ¿Dónde esta la razón? O ¿Dónde esta la verdad? O ¿Dónde esta la razón de Justicia? Si de los judíos depende la economía del mundo y de su inteligencia y sabiduría en la ley Mosaica para dirigir sus negocios a nivel globo terráqueo. Entonces casi siempre lo recto no es siempre lo mas justo o equitativo por la sociedad gobernada que no respeta normas, ni leyes, ni reglas y el Estado tiene que hacer componendas o parches en la ley para dirigir a este sociedad mundial como los atentados terroristas, pueblos primitivos con armamento nuclear con la capacidad de hundir un continente o sea el poder de Dios en las manos de la barbarie y ante todo esto siempre hay que estar del lado de la razón y de la misericordia y tolerancia; Haciendo un homenaje a la Organización de las Naciones Unidas la ONU; y por que debe existir un órgano rector como la ONU en el mundo como cabeza de mando, simplemente por hegemonía moral mundial de justicia o que emblema la justicia de un Cenado y confederación terrestre de países integrantes a favor de este. El principal enemigo de la razón para aplicar la ley son las ambiciones por eso deben estar muy bien cimentadas las bases morales en el Estadista de legislo y en su razón de lucha por la verdad y por la justicia. Si Dios o el Estado es puro en quien cabe el error; si la ley es pura y sin macula por que se transgrede: Por esto la barbarie mundial y el vituperio de dogma de política cae sobre un dirigente de ley o un Jesús Cristo Crucificado, nada mas que en lo terreno para un Estadista resucitarlo o hacerlo de nuevo esta como el primate queriendo aprender matemáticas integrales y diferenciales; entonces sabiendo a la luz de la razón que el gobernante o el Estadista tiene que hacer circo maroma y teatro para gobernar a su sociedad y pueblo no es de culpa suya las injusticias de legislo en su nación o pueblo, ya que el pueblo se encarga de cortar con el siclo de flujo de economía al no contribuir con el fisco; y de donde se van a sacar dividendos para la infraestructura de su nación y mejora tecnológica de los mismos cada cinco años, y aunado a esto los desastres naturales como pasa en todo el mundo, ¿Dónde reside la justicia? Si en el Estado o en el pueblo gobernado; ¿Dónde reside la razón? Si en el pueblo gobernado o en los gobernantes; y ¿Dónde esta la verdad? Si el Estado a proveído de todo para su sociedad nada mas que esta la utiliza para gastar en sus propios deleites invirtiendo recursos en fiestas, religión y vinos la droga de una nación y la extinción de la misma o a Dios amando y con el mazo dando, asi que es totalmente imprudencial quitar los beneficios a un Político de fuero y de alto mando por que la pulga salto o por que la moneda de su país se devaluó 30 % con respecto a la moneda mas fuerte de las diferentes economías y con las pasadas guerras quien dio orden de librar al mundo del fascismo nazi o sea un ideólogo que no estaba viendo lo que pasaría de aquí a una semana de repercusión con respecto a su decisión sino de centurias de resultados para el mundo: ¿Quién fue Martin Lutter King? Fue un ideólogo que en base a la razón hablo del amor en espíritu y su fuerza no de raza ni de inteligencia sino dicho de otra manera los derechos de igualdad en base a la razón conmemorando y enalteciendo a un libro la Biblia por esto este legislador no hizo lo justo al emanciparse pero hizo lo recto a la luz de la razón que en este caso apela a la justicia; Martin Lutter King un ser de grandes recursos como el de vivir y decir la verdad por esto convenció al mundo y trascendió hasta nuestros tiempos y su muerte no fue en vano. Que es la razón si no lo mas viable, o la razón de que para ser libres hayan tenido que morir como cien mil hombres en la primera y segunda guerras mundiales y no fue justo pero fue lo mas viable, una decisión es como la saeta en el aire así que cuando hay aire hay que callar por que el viento desvía lo certero de nuestro dialogo o disertación mas aun en la calma y en lo sosiego es cuando se deben decir las cosas y legislarlas; no en base a lo justo, sino en base a lo recto o lo mas viable con tacto de adonde conduce cada palabra que lancemos como saeta tan sutil; pero convencedora o amenazante. Es así como en el mundo del Ser para aplicar las leyes se necesita no solo de un titulo si no de un conjunto de herramientas y de relaciones humanas para ser un Aisberg tan solido como el acero, frio y intempestivo pero a la vez flexible o movible que con las mas mínima corriente de agua sepamos hacia donde dirigirnos. ¿Qué es un Aisberg o que representa? Representa la justicia blanca que nadie puede tocar o se destruye y que a la vez impone respeto o el tener siempre la razón basada en la verdad, no importando quien sea tu oponente pues siempre sucumbirán a tus pies o los convertirás a ti mismo, o te los ganaras como amigos o sea la razón. Una herramienta para ser un suspicaz y elocuente orador y disertador en defensa de tu defendido o en la apela de tu nueva ley de legislo ante las autoridades competentes son ""La Mímica"" o ""Expresión Corporal"" la **confianza** viste mejor que tu toga de juez y la **verdad** te afirma mejor que un perno, y la **misericordia** a tu prójimo te dice que tu podrías estar en su lugar librándote por tus actos; la oratoria y disertación son el 10 % de tu éxito y el restante 90 % es la confianza, verdad y misericordia; estas son leyes que apelan a tu naturaleza como Homo Sapiens Sapiens desde que en la naturaleza evolutiva de la especie humana se tuvo que agrupar para sobrevivir ¿Cómo? Diciendo siempre la verdad o ayudándose mutuamente entre si independientemente de lo que piensas, sientes, o te hicieron, hablamos de 100 millones de años como sociedad desde los primates, costumbres que se quedaron en nuestro código genético y que ya son una necesidad como el dormir, reproducirnos, comer y el agruparnos para sobrevivir como una sociedad inteligente, es decir cuando se procura el bien del otro extraño se procura también el bien tuyo por eso la corrupción es tan deleznable por que profetiza y antecede las extinción de un Ente como el Estado y su sociedad como un Cancrum que todo lo pudre y carcome. **La razón** es objetiva y siempre apela a la razón misma y es ahí donde en el mundo del Ser esta el éxito de todo legislador y Estadista. Em- plear a la razón es dar lo mas conllevador a la sociedad gobernada aunque no siempre sea lo mas justo y equitativo, es así que para aplicar la ley en el mundo del Ser se necesita de integridad y de respeto en el plano natural o aterrizando esta misma; pero esta gama de cualidades en energía cinética tienen por base una energía potencial que es el mundo del Deber Ser que cuando no se tiene sus bases bien establecidas el mundo del Ser corrompe sus fines para los cuales legisla. **La razón** es una virtud que se emplea para todo y en la practica de la misma se ejerce un poder que convence y que al principio no siempre trae lo justo y equitativo pero a la larga del camino trae como recompensa lo justo y equitativo. Debemos estar consientes que el idealismo de una sociedad justa y su concientización no es de la noche a la mañana, ya que esta misma necesita de factores para el cambio, factores como la educación, preparación en cuanto a deber ciudadano para con su gobierno, concientización de pago de impuestos para beneficiar a la sociedad misma o forjarle una infraestructura que la beneficie y aquí estamos hablando de la base de sustento de la **economía** o el combustible que le da movimiento; por eso es loable aludir a la razón para dirigir una sociedad por que se tiene que fundamentar esta misma sobre bases reales del beneficio común aunque estemos en una forma de gobierno Demócrata o Republicana y Capitalista. El legislador tiene que estar consiente de la condición del grupo social que gobierna con sus leyes y a veces no siempre es necesario tener un titulo universitario para tener conciencia de las necesidades de nuestra sociedad y suplirlas con las prorrogativas del gobierno y su reforma de ley o en su defecto legislar para un grupo social determinado en base a sus costumbres, criterio de familia, y criterio de base económica debido a su idiosincrasia o a su comportamiento psicológico. La razón conlleva a la prosperidad de una nación o de aplicar la ley bajo el criterio de, que no todos tenemos las mismas oportunidades de desenvolvimiento por ende las leyes para los mas desprotegidos en una sociedad tiene que ser mas tolerantes y clementes al hacerles juicio y si se hace lo contrario solamente vamos a ver una sociedad inconforme y que se esta corrompiendo desde su mas alto Órgano Rector, El Estado hasta la base de sustento económico, el proletariado. La ciudadanía tiene una muy importante participación en la legislación así que en la medida en que esta misma este consiente de sus derechos habrá mejores leyes que la beneficien, por eso no podemos hablar de la injusticia social del Estado hacia sus gobernados pues es competencia de todos y de la misma sociedad en la que vivimos el estar en optimas condiciones de vida. Es así que el joven legislador tiene que hacer reformas de ley en base al comportamiento sociológico de un Ente social por que esta representa un metamorfosis de la sociedad misma y el aplicarle una ley o norma radical quiebra con su desarrollo económico, político y social trayendo en si el inconformismo y por ende se entiende que el conjunto social de la sociedad razona diciendo: si el gobierno y Estado hacen lo que quieren, yo por que no; y esto trae como consecuencia la ingobernabilidad así que no siempre las normas mas justas y equitativas son las mas viables para gobernar y por esto es la sabiduría y la inteligencia para saber cuando aplicar la ley y para saber cuando modificarla. Un pequeño breviario cultural; la sabiduría es la experiencia mamada de leyenda y que se transmite de ancianos a adultos o son razonamientos de base de comportamiento en base a una situación determinada que se presenta; y la inteligencia es para modificar dicha sabiduría en caso de que esta no sea aplicable sea para el tiempo actual; y por pequeñas cambios de esta situación en base a criterios modernos: Y pues así de esta manera es como se debe legislar y aplicar la ley. La civilización humana tiene un tope en el cual dejara de legislar y solo aplicara la ley y controlara a su sociedad pero mientras esto pasa la ley tiene que modificarse constantemente con la metamorfosis de la sociedad para que esta misma este controlada o controlado su cáncer pues es inevitable la carroña y putrefacción o pus que esta misma sociedad produce háblese de Estado y sociedad al implementar sistemas de seguridad económica, política y sociales. ¿Cuándo hay que ser Radicales al aplicar la ley? Hay que ser radicales al aplicar la ley cuando hay plena conciencia de acto del infractor de dicha ley. Norma o regla o cuando reincide en el mismo acto de delito; de otra manera se esta condenando a un infractor de estado de inconsciencia psíquica y que no entiende por que lo están condenando en juicio, por eso vemos a la inconformidad social en el sector de la población mas desprotegidos los de extrema pobreza económica, política (sin derechos), relegados de la sociedad; es así como el Máximo órgano Rector El Estado debe infra estructurar toda una gama de ramificaciones de ley que en su especialización alcancen al mayor numero de individuos de una sociedad beneficiándolos económicamente, políticamente y socialmente; asi que la tarea del legislador es ardua y tediosa pero no per eso deja de ser de muy preponderante importancia, la solución es radical para la sociedad gobernante o sea el Estado, y es el Elitismo de herencia de Gubernatura sea por línea de sangre o por recomendaciones cuando el recomendado tenga el cien porciento de aptitudes y actitudes de un Estadista, Dignatario o Mandatario así como de un legislador; ahora así, que tenga un linaje de herencia para un cargo publico, es lamentable la realidad pero la demanda de capacidades para un legislador son del cien porciento y pues la herencia de padres a hijos es un hecho real y no estoy hablando de una monarquía demócrata pero tampoco se puede elegir a la ligera a un representante del pueblo solo por que tiene ojos azules y una hermosa sonrisa y sabe tocar el piano; todo esto nos conlleva al mundo del Ser tan maravilloso por que ahora es concedida al ser humano la deidad y el poder de un dios así como el de sr homenajeados, así que todo tiene su recompensa desde el campesino que tiene una familia de 8 hijos por que los puede cuidar y terminar de trabajar cuando aun hay luz de día no así el gobernante de un pueblo o nación que pasa días sin dormir y que posiblemente nada mas tenga de 1 a 3 descendientes, así que el sacrificio no es glorioso pero su recompensa trae como consecuencia libertad y prosperidad en todos los ámbitos y para una sociedad gobernada. **La razón;** hay que caminar con el pueblo y hay que saludarlo y sentir sus dolencias, sus anhelos y sus deseos y en base a eso dar mejores leyes de reforma; esto es todo un estilo de vida y de vida de ejemplo; ahora ya puedes ver que el temer un titulo universitario no te da las cualidades para ser un gobernador u Estadista de excelencia, lamentablemente la educación se mama en casa desde la educación de los padres en un cien porciento; y no es lo mismo un ejemplo de vida de padres campesinos a sus hijos que llegan a ser políticos; de un Dignatario que educa a sus hijos a la luz de la razón y de toda una vida de preparación que continua hasta la muerte de dicho Dignatario culminando con un ejemplo de vida de echo. Para aplicar las leyes con un cien porciento de efectividad hay que cambiar la mentalidad del gobernante o del por que se quiere llegar a un cargo público: Poder, dinero fácil, reconocimiento, mujeres, propiedades esto es una idea desviada de la razón de servir como fundamento moral, económico, político y de influencia psicológica de una nación o pueblo gobernado así que el estar consientes como legisladores de las intenciones que tenemos de poder político deben estar muy claras por que no solo significan detracción para la sociedad sino también significan destrucción para el Legislador y Estadista. ¿Qué se persigue con la perfección? Se persigue la entera felicidad de un ente llamado nación de Estado y sociedad, y también su correcto funcionamiento. Cantar de los Cantares del Rey Salomón avoca una enseñanza básica para el Estadista de Legislo en la aplicación del Mundo Del Ser que en su base de aplicación de ley habla de un romance entre el pueblo y el Rey haciendo alusión al consenso del Gobierno para el pueblo este conceso de retroalimentación tiene que ver con la estabilidad de la sociedad gobernada a través de entrevistar a los representantes no oficiales de la sociedad que presentan las mínimas necesidades de esta misma así como la necesidades de mayor preponderancia, seto habla de una organización social con objetivos a corto, mediano y largo plazo; estos consensos como deben llevarse a cabo sino en la enmarcación de la cordialidad y del mutuo entendimiento; asi que lejos de la rivalidad y el beneficio de intereses mutuos debe enmarcarse el bien social y su éxito y con motivo de esto viene la postulación a un mayor cargo de responsabilidad y de preponderancia para el Estadista de Legislo así como sus beneficios económicos y por ende la sociedad tiene mejor calidad de vida. No es fatuo hablar de una relación de amistad y de entrañable y mutuo entendimiento entre gobernado y gobernador ya que de esto depende el éxito de la aplicación de la ley de norma donde Estado y sociedad están de acuerdo; el libro de Cantar de los Cantares de Salomón enmarca una relación política muy poética entre la sociedad que es un viñedo y el labrador de la viña o el Estadista de legislo, es decir la viña vive gracias a la manutención del labrador y a la vez el labrador vive de los alimentos que le proporciona la viña, y esto es hablar de una simbiosis de **Sociedad + Estado = poder** meramente de aplicación en el Mundo del Ser; es decir ahora este poder de conjunción es aplicado por el total de Estado y Sociedad de mutuo acuerdo, o comúnmente llamado una simbiosis de vida de Estado. Para ser realistas la fuente de gobernantes para el Estado en su cincuenta por ciento proviene de la sociedad gobernada por lo mismo la sociedad tiene que ser emblemada en su ideal de vida por el Estado y esto que es nuevamente aludir a la **razón,** no se puede vivir ignorando las necesidades de un pueblo y gobernándolo al mismo tiempo; esto rompe con la razón trayendo como imán a la anarquía social como: Huelgas, emancipaciones, protestas, corrupción de gobierno, enlepramiento y descomposición social en cuanto a modus vivendi de la misma (narcotráfico, trafico de órganos, secuestro de menores y secuestro de adultos, incremento de giros negros que en su mínimo componente y cantidad, controlado son necesarios) etc. Todo esto compele a una actividad de legislo mas competitiva y de calidez humana de aplicación y no de un maternalismo que todo lo pasa por alto cometiendo injusticias pero tampoco se puede aplicar todo el peso y rigor de la ley sin antes haber habido un justo juicio basado en la razón, es decir joven Estadista de Legislo tus mismas leyes matan o dan vida a la sociedad en el mundo del Ser, así que tienes que tener los pies bien puestos sobre la tierra y preguntarte si tu labor merece la permanencia de tu puesto de fuero pero también si cometes errores y aprendes de ellos es muy loable tu acto de conciencia de reconvenimiento te estas postulando a las ligas mayores para ser un emblema de tu nación cualesquiera que esta sea su forma de gobierno, si, socialista, o capitalista: Hasta aquí te traigo por un laberinto de razonamientos y de reflexiones para reafirmar tu convicción no solo en el éxito que puedes alcanzar con estos razonamientos políticos, sino para que dentro de tu función publica entiendas que ayudando puedes ser muy y enteramente feliz viendo a una ancianita sonreír o a una madre soltera mantener a su familia de cinco vástagos y tener esperanza ante la vida y de un futuro y porvenir para sus hijos, yo creo que mayores recompensas en tu función publica loable pupilo de las leyes no podrás encontrar y llegaras a ser un venerable anciano de gobierno de fuero y de reforma política. Hablemos un poco del debate entre participantes de un mismo ideal político y sus beneficios; y mas aun el beneficio que se puede obtener: El debate reafirma la idea de razón que se defiende y depura y perfecciona la verdad absoluta y confiere fuerza a un acto, sea de justicia y de justicia de reforma de ley, y solamente el mas capaz puede llevar a cabo esta empresa en beneficio principalmente de la sociedad gobernada e indirectamente del reformador de ley o Estadista; y los beneficios son muchos como el fruto del Estado y una sociedad sana; ardua labor, No, pero este es el glamur de un cargo publico y su ejecutor que no siempre es glorioso como el beneficiar en rigor de conciencia a cien mil ciudadanos y poner en espera a mil ciudadanos como el amor de un Padre que elige ayudar a uno de los hijos y relega a los tres últimos, a quien ama mas el Padre de familia; yo creo que a todos por igual pero el impartir justicia o lo equitativo no siempre es lo mas correcto pero si salvando a cien mil se salvan mil o si favoreciendo al hijo mayor los hijos postreros reaccionan no se hizo lo mas justo o equitativo pero si lo mas correcto o viable o sea en pocas palabras sabiduría en un cien porciento aplicable e inteligencia en su setenta por ciento aplicable también; todo esto viene de una mesa de debate desinteresada no solo para legisladores sino para todo ámbito de escrito y de profesión cualesquiera que sea esta preponderando siempre la verdad no importando las consecuencias de esta acto o sea **SACRIFICIO POR LA SOCIEDAD** o el sector mas vulnerable de dicho Ente, y si algo podemos aprender de este humilde carpintero pero gran sabio Jesús de Nazaret es que el cumplimiento del deber debe ser hasta sus ultimas consecuencias: el resultado es de grandes magnitudes en beneficio tuyo y de los gobernados y todos gana basándose en la verdad, el razonamiento justo y equitativo de lo recto o viable, y de un sentir de placer en el anima elevado de moral en la sociedad y de fe en sus gobernantes. **La norma** es un rango de calidad de vida que confiere un estado de estabilidad al Estado y Sociedad sobre el cual debe basarse todo para esto el individuo debe ser analizado en su composición mínima llamada necesidad; si volteamos a nuestro alrededor todo es movido por la necesidad imperante, así que regulando o cubriendo las necesidades de una sociedad a través del rango de calidad de vida o su norma hay estabilidad social, también esto tiene que ver con las expectativas de vida que tiene una sociedad y con la información que es influida pues no todo es sano pero en lo que cabe la sociedad misma marca las pautas a seguir para gobernarla, y una vez que la sociedad esta amaestrada es como manejar una nave en altamar con un pequeño timón o pastoreado de un pueblo a través de la razón, y una vez que esto funciona por si mismo las leyes serán cada vez mas obsoletas para pasar a legislar mas sobre el bien común que para latigiar a un pueblo, es decir el consejo de un padre amonesta a su hijo y lo alienta a cambiar, y la corrección de un padre hacia su hijo con vara o látigo le alimenta el rencor hacia su padre de una forma inconsciente es pues así que debemos luchar no por reprimir a la sociedad con una fuerza publica pero si estrecharla pecho con pecho entre gobernados y gobernantes y fomentar el amor filial basado en el amor ágape de un Estado ideal:

La norma pues es de vital importancia. **La norma de un conjunto o muestra social** para aplicarla a un grupo mayor del ámbito social para cuando haya incertidumbre de efecto al aplicar una norma de ley, es decir para aplicar una ley en el mundo del Ser se puede probar con una pequeña muestra de la población sociológica tomando un a recabacion de datos exhaustiva y proyectando los resultados a una muestra o población mayor para no afectar de forma permanente a un grupo social de urbanidad o rural por el pago de impuestos imperantes: Todo esto aunado impera la razón, y recordemos que la razón es una verdad insoslayable de base de hecho y no de suposiciones y de elucubraciones que nos pueden llevar a un fracaso que afecte a la población o sociedad. En el mundo del Ser como su nombre lo indica es la explanación de la plenitud del Ser Humano como Ente autónomo y solidario basado en su misma y propia ética de acto, y es así como de un mundo mágico gobernado por los Entes superiores o dioses pasa a un plano de conciencia real de si mismo como individuo y de la sociedad en la cual vive y que tiene que ser regulada y normada por el conjunto de individuos que forman dicha sociedad por esto es tan importante tener bien cimentadas y fundamentadas las bases en el Mundo del Deber Ser pues es lo que da fuerza a un motor o al Estado y su sociedad regulada por el mismo; la constante en el mundo del Ser es la constante alimentación de información del legislador con respecto a su sociedad por esto mismo la organización política debe estar bien articulada en su fase organizacional de gobierno así como administrativa o burocrática para que el transito de información llegue los mas fidedigna posible dando así el mejor servicio al pueblo gobernado y la sociedad, estos son los canales de información que alimentas al Estado de Legislo sin los cuales puede haber un desorden administrativo y de legislación por ende debemos entender que en la organización política si sus bases de servicio están mal su organización política esta deficiente y su función organizacional política esta condenada al fracaso por aplicar un mando equivoco del Mundo del Ser sin el poder y efecto del Mundo del Deber Ser, es decir sin la convicción moral del por que se hacen las cosas queridos estudiantes del legislo y Estadistas estamos perdidos como la barca en el mar en tempestad y próxima a naufragar e hundirse en alta mar. La base moral del Mundo del Ser deber ser basada en los cinco sentidos pues lejos de afectar nuestra anima que se recupera de la noche a la mañana o tarda un poco mas, nuestra integridad física no se recupera así como la integridad psicológica por esto una vez ya conscientes de nuestro actuar como creadores de ley y de norma y de aplicantes de la misma no hay lugar para el error pues de ello depende el correcto funcionamiento de la sociedad y del Estado. Como preponderar la ley a un colega que en su ejercicio transgredió la ley de norma y afecto el emblema de los legislos y sus políticos y de una nación: Con una segunda oportunidad; por que causa, por la de tolerancia y por que su experiencia no se puede conseguir a la vuelta de la esquina; mínimo un legislador pasa de 30 a 40 años para formarse y para tomar conciencia de ley y de cómo se aplica; y toda esa gama de conocimiento y de experiencias basadas en la reflexión valen oro: El perdón es imparcial como quien delinque mas como la madre que abandona a un recién nacido en la intemperie a la merced de ratas y perros, o el legislador que autoriza un trafico de cocaína de cien millones de dólares americanos: Estos actos son dos actos de conciencia del mismo tamaño de monstruosidad moral pero que apelan a la misericordia por haber entrado en razón y en enmendación de acto, recordemos que el perdón concedido por los dioses ahora le fue delegado al hombre sociológico y como tal debe actuar no tanto por el temor a un Dios sino por la subsistencia y sobrevivencia del Ente común a todos o sea el Estado mas su Sociedad; es así mi querido legislo que tienes un largo camino por recorrer pues este libro solo te da poder de mando y poder de convocatoria pero la buena conciencia de acto puro y moral solo tu razón te la puede dar así que tu eres tu propio Dios y tu eres tu propio jefe y arquitecto de tu buen desempeño como futuro Estadista de Legislo. El ejemplo del Mundo del Ser es de mas efecto que en el mudo del Deber Ser ya que este ultimo solo expresa el incumplimiento de una idea o compromiso pero el afirmar que dicho trabajo se hará a un acosta de nuestras propias vidas y cumplirlo emblema la grandeza del Ser Humano como sociedad de conjunto de trabajo basado en la confianza. Pero como dar motor a una empresa de Ley o como darle la debida fuerza potencial para que cobre fuerza y no pueda ser detenida dicha contraposición a la problemática que se vive; con una idea basada en la razón y con inspiración, la inspiración es toda vía algo que no ha sido definido en la actualidad siglo XXI pero no por esto tiene que ser ignorada, la inspiración es un poder superior que apela al seno de la razón o un instinto de justicia y de sobrevivencia por un bien común y que además une o sea PODER, ya mucho se ha dicho a través de la historia del poder de la unidad del ser humano y desde este punto de vista veámoslo como civilización Terráqueo que somos pues no todos los inventos y avances tecnológicos científicos y de humanidades se dieron en Europa o en Asia o en América, África u Oceanía sino la actual humanidad vive y prolifera y prospera gracias a los avances de todo el planeta Tierra en general es decir una comunidad simbiótica que trabaja en conjunto; es bonito soñar y es desafiante soñar con la grandeza pero la realidad de un acto de vida es mas asombroso como ver una flor nacer en un jardín de la calle, es decir lo asombroso de la vida es lo común y lo peyorativo de la misma es sublevarse por encima de los mas en su moral como el creerse intocables hablando de fuero político. Hablemos desde el punto de vista la función real y cruda del fuero político, es como la de un dios menor que es intocable y que en un momento de ira lo destruye todo pero que en su magnanimidad y grandeza este fuero político puede construir un imperio, o por que a un Estadista de Legislo se le perdona todo, es simple por que de ellos depende la vida de una nación, y además los Estadista, Dignatarios y Mandatarios son reos de muerte por sus ideales y no solo ellos sino sus familias también, la parte equitativa de este razonamiento es que mientras un Legislador trata de dormir entre sus almohadas de seda y trata de medio comer en su vajilla de porcelana china con cubiertos de plata inglesa; el proletariado tiene sueño pesado hasta de doce horas y tiene sobre peso y no se avejentan tan rápido como un político en su función de cargo publico y político; esta es la terrible realidad de ostentar el poder de una nación cualesquiera que sea esta o sea SACRIFICIO; las ideas revolucionarias de ir aplicando la ley a mano de machete tiene que ir limpiándose de la nación que las embleme pues esto representa salvajismos utópicos como el decir la realeza y la nobleza son los responsables de la pobreza de una nación es decir roban cuando toda la misma nación también practica el robo aunque sea a menor escala es decir como juzgar a otros por sus delitos si también nosotros hacemos lo mismo, es decir la manutención moral de la sociedad nos compele a todos y por ende esto propicia la buena convivencia social y la elaboración cada vez menor de leyes severas y radicales dando así a la sociedad un Jardín del Edén por nación y un paraíso donde el campesino sea oído por el Presidente de una nación y donde la blanca paloma sea la guirnalda de emblema de un pueblo en su grandeza como nación de Estado de Derecho. Ahora declamemos un poema a la libertad de Expresión: Libertad Mía, Libertad de mi Corazón: Quien me diera la razón, quien me ostentara en la necedad; quien de mi tomara su alimento; a una zozobraría por la libertad dando a mis polluelos el consuelo de respirar y de caminar en el seno de su nido como quien engendra y concibe un ideal como al Águila devorando a la serpiente sobre un nopal, pues las alas de la libertad son danzantes del guerrero que en el abismo aprendió el camino del vuelo en sacrificio de lealtad a su nación, pueblo mío tu héroe soy. Este poema es una prerrogativa joven de Legislo que nunca debes coartar a un pensador en su libertad de expresión por que solo esta manifestando una inconformidad social y de in justicia que están afectando al Ente social de una sociedad por esto ves el fracaso del comunismo y del socialismo por que coartaron la libertad de expresión o sea un Estado Autoritario que replegó y maltrato como padres a su sociedad ya cansada y enferma y por ende entendemos a través de la historia que estas formas de gobierno fueron obsoletas y fueron abolidas; tenemos que aprender de la historia no su texto o información de base de datos, sino el contexto de dicha historia y que nos puede enseñar; por ejemplo del filosofo griego Sócrates podemos aprender prudencia, de Platón aprendemos inspiración, y de Aristóteles aprendemos el ser sistemáticos y persuasivos en la razón que son tres herramientas para ser un disertante de debate en oratoria infalible y del filosofo griego Demóstenes podemos aprender tenacidad y que lo imposible es posible cuando existe el don de aceptarse a uno mismo para superarse o sea humildad, quieres ser grande joven de legislo; se humilde, quieres tener poder de convocatoria joven de legislo se un líder que sostenga a su pueblo, quieres que el pueblo te ame Legislo aliméntalo de promesas sueños e ilusiones, quieres que el pueblo te siga Estadista pon el buen ejemplo de moral blanca y pura: Los pueblos mundiales buscan lideres con la fuerza interior de aplicar la justicia y de reconvenir en el camino; no buscan seres perfectos pero si tan irradiantes como el sol y tan blancos y puros como la nieve o sea dioses de un Olimpo donde ellos son las voces de sus protegidos; o sea joven Estadista de Legislo tienes que tener TEMPLANZA para aplicar la ley de norma en el mundo del Ser. Es pues así que el mundo del Ser esta inmerso a la libre voluntad del ser humano bajo el dictamen de la conciencia recta o perversa y de las maquinaciones a la cual esta se incline por eso la premiante importancia de la conciencia como acto para aplicar las normas de ley y para elaborarlas. Muchos deben pensar que se necesita de experiencia para poder legislar un edicto de ley, pero la fuerza de un Ente cambiante viene en la juventud ""Divino Tesoro"" por que es la fuente de todo cambio que bien dirigido con toda la fuerza causa grandes impactos positivos y si aunado a eso ponemos experiencia tendremos legislos del Estado de excelencia y un Ente de nación sano; entonces vemos que la estabilidad social no depende de una sociedad recata de las normas sino de un trabajo de equipo de gobernados y de gobernantes de retroalimentación de información tanto Ejecutiva, Legislativa y Judicial; Económica, Política y del estado anímico de la sociedad. Lo mas maravilloso de un Ente sano es que camina solo y los lideres gubernamentales solo trabajan mas en perfeccionar mas a la sociedad, y no hablo de un Estado inmutable pero si de un Estado en continuo cambio. Todo ser racional busca la estabilidad, pero la estabilidad es una serie muy compleja de componentes: Por ejemplo, que es lo que le da estabilidad a una sociedad: producción agrícola o alimentos sin los cuales la sociedad de un país decae y tiene que importarlos y para lo cual el Estado tiene que legislar sobre reformas agrarias o el campo sobre bases no siempre justas pero si correctas, como cuales; como las oportunidades a campesinos que cuando menos sea agrónomos técnicos y entonces si el apoyo del 100 % a su economía para que cultiven la tierra y en base a la tierra haya una economía de mercado bovina, ovípara y porcina; y nuevamente legislar sobre el ganado y su calidad de carne y alimentación así como la de las aves y ganado porcino, y en la medida que el campesinado de una nación perfeccione su técnicas y técnicas de cultivo y de fauna domestica de alimento para el congénere ser humano legislar hasta sea una sociedad basada en la conciencia de acto y de sustento para la misma sociedad y sus órganos rectores de gobierno; de la naturaleza debemos aprender el sistema tan radical que ha impuesto para conservar la vida en el globo terráqueo y que además no perdona errores la naturaleza; es pues asi que el Órgano rector de una sociedad en su ley de norma esta puesta para normar a la sociedad para evitar su anarquía de gobierno y su destrucción, no importando que un grupo menor de la sociedad desaparezca por que detrás de los postreros viene cientos de generaciones mas que no solo vivirán de nuestros ejemplos sino que les heredaremos no solo nuestros adelantos como sociedad sino también nuestros errores como: Ecológicos, de fuentes de alimentación, de buen o mal uso de recursos naturales, de educación, de fuentes alternativas de energía y etc. Por lo mismo se debe normar todo en la sociedad y por lo mismo la fe siega de la sociedad en sus gobernantes; no, solo por que asi les fue dado, sino por que lo gobernantes son visionarios a décadas de distancia del los efectos de un ley de norma aprobada como los matrimonios gay y de lesbianas que no afectan a la sociedad sino que son controles naturales de natalidad evolutivas del Homo Sapiens Sapiens y que regulan los latrocinios sexuales a menores de edad. Los póstumos religiosos quedaron caducos hace trescientos años con la Santa Inquisición y la moral putrefacta de una sociedad mundial que vivió en el horror del póstumo castigo Divino y que creyó que la vida se origino entre trapos sucios como la teoría del origen de la vida de La Generación Espontanea, trayendo como consecuencia la ignominia del atraso de una sociedad y por lo cual se legislaron normas de ley atroces que en ves de inculcar una moral alta a su sociedad la hundió en la ignorancia y el terror al miedo y aunado al futuro desconcertador de incertidumbre. La historia nos enseña mucho y si queremos legislar exitosamente tenemos que entender la historia universal en su contexto ya que es imposible que un Estadista de Legislo emplee bien su norma de ley sino ha estudiado Historia Universal, por que se aprende de los errores de los demás y para prevenir situaciones clave que afecten la imagen de un gobierno ante su sociedad y el mundo como la ONU. Otro punto sobre el cual se debe legislar en la sociedad son los desarrollos habitacionales y fraccionamientos y el conglomerado de habitantes que iran a esos lugares ya que necesitaran de servicios de primeras necesidades como alimento y comida y servicios de telecomunicaciones; y si el Estado no se los provee; lo hará la sociedad misma a través del comercio informal y esto hará que el Estado implemente una infraestructura emergente que consumirá recursos monetarios y económicos pero que no serán recuperados por el Estado ya que el comercio informal no esta regulado ante Hacienda; trayendo así incremento en impuestos mas inconformidad social; y que se quiere añadir a todo esto ""PLANEACION"", planeación en que, en todo lo que compendie a una sociedad así como desubicación de centros económicos de una sociedad económicamente activa como en las capitales del mundo como: New York, London, México City, Toronto, Quebec etc. Y desde drenajes, alcantarillado y diámetros de los sistemas hidráulicos del hábitat de una sociedad, y de un sistema ecológico que conviva con un Ente de concreto y acero; así como la debida regulación de la fauna de dicho hábitat social de concreto y acero: con esto que se persigue estabilidad social y menos flujo de efectivo en gastos de implementación para subsanar saneamientos de cualquier índole; si por que la gripe porcina o gripe aviar y no habían ni la infraestructura tecnológica en medicinas, ni de internado hospitalarias y se torno dicho problema en una pandemia y costo el saneamiento de dicho problema cien millones de dólares pero su infraestructura previsora solo pudo costar treinta millones de dólares; que falto, falto orden de procedimiento de importancia al legislar sobre normas sanitarias y su concientización para su uso y aplicación a todo nivel tanto institucional como individual; es asi como en el mundo del Ser ya no es la responsabilidad del mas allá gobernar nuestras vidas, sino que la responsabilidad es del hombre mismo en su hábitat social también de fauna y flora. La experiencia dice que todo se debe de planear por el provecho ajeno y que también es nuestro provecho propio o menos dolores de cabeza y evitar una mala reputación así como ejercicio de gobierno y la declinación de una forma de gobierno sea esta socialista o capitalista, no se puede evitar lo idealismos de justicia de una mejor forma de gobernar pero si se puede pensar en no cometer los mismos errores que nuestros pasados gobernantes, como cuales, como privar de libertad de ideales o llamarlo cada quien es libre en su mundo o propia cabeza de vivir en Alicia el país de las maravillas o de sentirse Super-Man en su Planeta de Criptón; es decir el que todos quieran ser neoliberalitas y empresarios dueños de emporios en un país capitalista se acabaría la fuerza productiva humana; y el que todos quieran formarse un perfil cuadrado y plano de la comuna o comunismo, pues falla por que no se lucha por el bien común sino por el bien en particular desde el estudiar y ser un Mandatario en China o Cuba o un almirante del bloque socialista que ganara mucho mas dinero que un soldado raso y además no dormirá en las barracas de los cocineros por que todo es un bien común, hablando de realidades y esquemas; pero hablando de socialismo y de comunismo, como enmarcarlo; como ""JUSTICIA"" y no es perjudicial para la sociedad y menos para el Bloque socialista nipón o chino, es simplemente que le agrado tener mayores ideales en grandes personajes de la historia que los de los países capitalistas que son estrellas de rock y deportistas o Top Models, y que además por la cultura oriental a China y su sociedad por milenio han llevado en todo ámbito una disciplina y son amantes de la disciplina; pero que podemos aprender o como podemos ayudarnos como sociedades capitalistas y sociedades comunistas; aprender y evolucionar como sociedad mundial; mejorando sistemas de producción departe de Oriente y China para Occidente y Occidente cooperando con sistemas agrícolas y de alimentación para grandes sectores de población orientales en base a alimentos de soya de leche. El gran problema de los medios económicos de producción socialistas y capitalistas no son ellos mismo ni sus diferencias mal entendidas sino lo engañosamente llamado ""CREENCIA RELIGIOSA""; no es posible que occidente crea que un palo cruzado o en forma de cruz sea Dios Todo poderoso; y no es posible que oriente crea que un hombre reposando Buda regordete y cachetón vea morirse de hambre a un pueblo como la India. L creencia religiosa imparte diferentes ideales que si no los acepta la población en general la dividen haciendo latrocinio mayor de gobierno al aplicar sus leyes. Todo esto compele ""EQUILIBRIO SOCIAL"". La sociedad Asiática por cultura adopta mejor una forma de gobierno comunista basados en sus edictos de practicas religiosas por así llamarlos religiosas paganas; pero la sociedad occidental y el libre culto a su Dios Cristiano vive en Alicia en el País de Las Maravillas, unos idean ciencia y tecnología y los otros contribuyen a las leyes o al mundo del Deber Ser y esto es complemento de una sociedad mundial en el complejo evolutivo a una confederación de naciones que postergara su evolución a una confederación de planetas y de ahí al Universo; la sociedad es cinética y no es sedentaria pues siempre esta implementando cambios para mejorar y subsistir cada ves mas en medios mas adversos como la colonización de otros planetas o el dominio sobre otras especies de una civilización meramente dominante por su capacidad de adaptación o evolutiva en base a la creación de herramientas y modificación a su entrono o hábitat haciéndolo mas confortable y por ende idóneo para su propia especie Humana. Así que juventu del Estadista de Legislo si querías saber que es un gobernador en sus diferentes jerarquías ya lo sabes, el trabajo es arduo y el objetivo es la preservación y evolución de la sociedad humana para mejorar y nunca para retroceder; y esto lo comentare en el tercer volumen de este compendio de tres libros subsecuentes para entender mejor a el Estado y su sociedad, pero primero discierne bien que es el mundo del Ser en cuanto al legislo y su debida responsabilidad de aplicación terrena. Yo omito hablar en el mundo del Ser Del Gran Maestro Jesús De Nazaret el gran judío, pero es necesario hablar de su obra, no religiosa, pero si como pensador de aplicación de una ley en base a la responsabilidad de acto que solo engrandeció a un reino Celestial Hipotético que habla de un Reino abstracto que vive dentro del ser humano libre en sus ideales aunque este tras barrotes de hierro reales y no de imaginación; es pues así que el hombre es libre cuando ama y perdona y rectifica; y por ende es feliz no importando ni su condición económica, ni su condición política ni social, así que Jesús de Nazaret implanto un reino muy poderoso de convicción es decir siendo del régimen capitalista o socialista el ser humano necesita de una libertad moral bajo su propio criterio vivencial, y las formas de gobierno son aparte, y esto fue lo que el gran pensador Jesús de Nazaret vislumbro y la proyección a décadas y centurias en efectos a largo plazo pero esto es otro tema; es pues así que la convergencia de realidades entre gobernados y gobernantes es por cultura así que cuando Jesús de Nazaret anuncia su evangelio solo lo hace en Israel meramente para una cultura hermética y errática en fe a un Dios pero el evangelio después de la muerte de Jesús de Nazaret y su ascensión se tuvo que adaptar a las diferentes ideologías como griegas, romanas, de Éfeso; así que al impartir una nueva ideología tiene que ser implantando respeto a la moral de vida: por ejemplo el Gran Pensador Mahatma Gandhi solo utilizo una palabra de la Biblia Cristiana Inglesa como: ""PAZ"", y en base a eses razonamiento y no de fe cristiana y que con la misma Biblia de los Ingleses derrota a los imperialistas Anglosajones, que fue lo que hizo Mahatma Gandhi dar libertad de criterio no en lo justo sino en lo mas correcto y viable; que un engaño basado en el Libro mas puro y Santo de todos los tiempos llamado Biblia Cristiana Inglesa, es decir simplemente una herramienta utilizada para el bien o utilizada para hacer daño o por propios intereses de conveniencia personal; y que es esto sino una política religiosa, como una política secular gubernamental del mundo del Ser; es decir para legislar todo debe estar basado en provechos e intereses por que es el bien común de una sociedad así como su bien particular en mayoría no importando que sector de la sociedad resulte afectado si es por un bien mayoritario común. Así que al implantar un ideal de gobierno sea religioso o secular de gobierno solo hay que decir la verdad, y como es la verdad, es pura e intangible pero vive dentro del ser humano al implantar la justicia, o lo mejormente llamado en la Parábola de Jesús De Nazaret ""EL BUEN SAMARITANO O CONCIENCIA NO DE SACRIFICIO SINO DE MISERICORDIA O DE JUSTICIA"" y esto es evolutivo en el rango de la especie humana pues se asocio para sobrevivir o subsistir; lo que no hace los felinos gigantes o los animales salvajes y están próximos a su extinción por no trabajar en conjunto o soportarse o tener misericordia los unos de los otros como especie y a esto se le llama individualismo o el ser ermitaño o montañés de actitud o separatidad; y por lo tanto no evolucionan y no son adaptables al cambio y prefieren morir. Así que recapitulando el tomo I de esta serie la fuerza de potencial es prima para que se aplique la ley en el mundo del Ser con una moral de amplio criterio de rango basada en lo lógico y no en lo justo, pues es lógico que si me caí y me corte la rodilla y no tengo alcohol que es lo justo y adecuado para curarme; emplee lo mas viable y correcto que puede ser agua o mi propia saliva, es decir no siempre tendremos a la mano o en mente la solución idónea pero siempre habrá alternativas de elección de vida. Así que la primera lección para legislar o dirigir en una nación es la flexibilidad y la tolerancia; hay una cita de la Biblia cristiana en San Mateo 10:16 que ejemplifica la labor de un Ministro sea en lo religioso o en lo secular… He aquí, yo os envió como a ovejas en medio de lobos; sed, pues, prudentes como serpientes, y sencillos como palomas (DIPLOMACIA) desde la dirección de una país hasta la encomienda del máximo órgano rector de paz del mundo o sea la ONU; no por que se sea cobarde sino por que en el dialogo esta la RAZON y el ENTENDIMIENTO para la preservación de la especie humana sino en un hecatombe atómico nuclear y por orgullos mal fundados en sesenta minutos se acaba la humanidad y la vida del planeta Tierra; lo que llevo en formarse aproximadamente doscientos millones de años, así que aquí vemos lo portentoso de la inteligencia Homo Sapiens Sapiens y por esto se tiene que legislar a nivel ONU y mundial el uso de la energía atómica nuclear por que nuestro hábitat no es una porción de tierra como país sino que somos parte de un todo; así que la energía nuclear no puede ser manejada por países subdesarrollados o tercer mundistas por que un error técnico y de calculo contaminan flora y fauna y fuentes de alimento afectando a todo un ecosistema económico, político y social sea animal o vegetal. Lo que conlleva a ver en la historia de guerras entre cruzados templarios y musulmanes y sus batallas épicas clásicas así como sus masacres fue solamente que falto el dialogo así que mientras los pueblos mundiales y principalmente los subdesarrollados no entiendan que el vinculo de la paz y el dialogo para conciliar intereses y no la destrucción nuclear, tiene que haber un órgano rector idealista de moral en la conciencia llamado RELIGION y por esto es muy loable en sacrificio la labor de la Iglesia Vaticana Católica de Roma que brinda el sueño y fantasía del amor de un Dios así que esto no es lo justo pero es lo mas viable y correcto donde en una sociedad mundial se matan por amor a sus dioses o su Dios cristiano o musulmán y donde el éxtasis los invade en una justificación de conciencia; así que la conciencia es un factor virtual en el que se puede hacer el mal pensando que se esta haciendo el bien sin remordimiento de conciencia o viceversa la base es el conocimiento ancestral del Ying- Yang el equilibrio de las fuerza del bien y del mal, pero esto aun va mas afondo ""SUPERACION"" de la especie humana y de las otras especies animales y vegetales; la superación es la competencia contra la misma especie o contra las inclemencias climáticas y el medio ambiente y se supera la misma especie y su tecnología de supervivencia, desde un palo hasta la innovación del rayo laser, increíble, No; pero esto es real. Hay un punto neutro llamado imparcialidad para legislar pero esto es todo el peso de la ley y ya no es flexibilidad y además trae como consecuencia a un Ente social mas agresivo y cauteloso para delinquir o sea se perfecciona el delito en lo que degenera en Delincuencia súper organizada con supertecnologias en telecomunicaciones de vanguardia y armamento de alto calibre y letal explosivo al impacto, así que la ley de norma imparcial no sirve para dirigir a una nación sino la clemencia y la razón; es decir no se puede juzgar a un preso ya derrotado en su aceptación de culpa y toda vía inculparle pena de muerte a diez años atormentándolo y odiando mas a su sociedad y a su poder legislativo y judicial, en estos casos a que se debe apelar, se debe apelar al perdón legislativo, judicial y ejecutivo por eso son los Estadistas, Dignatarios y Mandatarios los que imparten justicia como los dioses de los griegos que decidían quien vivía o quien moría por un acto de justicia o en plena pelea; pero bueno esos tiempos ya pasaron y ahora impera la razón y el dialogo, así que el estudiante de legislo debe siempre a ludir a la reflexión por que en ella misma esta la verdad de lo que nos rige como especie humana. Hablemos un poco del Ministro de un gobierno, como de sus cualidades de imagen; cual preferirían que seria las primera, piensen, cordura, y después, tacto y por ultimo elocuencia para convencer y persuadir; como que, como la sonrisa; esto alude al dialogo sin protocolo y abre la amistad entre distintos gobiernos y diferentes sistemas económicos de producción como los capitalistas y socialistas, por ejemplo aquí hablaríamos de una sociedad gobernante compuesta por un sistema de supertecnologias y por otra sociedad gobernante del mundo del Derecho legal ya no para el planeta Tierra sino para el dialogo con inteligencia extraterrestre, por eso hablamos en paginas anteriores que las diferencias mal entendidas entre diferentes formas de gobierno y producción capitalistas y socialistas trae como consecuencia la destrucción del planeta Tierra en todos sus ámbitos es decir hay peces de agua dulce y hay peces de agua salada y hay peces anfibios y pues ustedes elijan su hábitat mientras no afecten el derecho ajeno que es la paz. El mundo puede ser un paraíso pero la ignorancia, fascismo y las diferentes religiones en el mundo lo están acabando por esto se tiene que legislar en todo sentido por eso avalamos legislar el numero de hijos en un Ente para que haya mayores oportunidades para los integrantes de un pueblo o nación y como ejemplo esta la Nación de China que legislo una ley sobre explosión demográfica imponiendo un numero determinado de hijos por matrimonio y esto es muy loable pues es la supervivencia de un Ente y su sociedad; y a nadie mas le debe incumbir sus razones. *Así que para legislar en una nación hay que ver, cultura, idiosincrasia, costumbres, mentalidad, nivel de escolaridad, y su valor moral más alto como nación.* Donde se debe fincar la razón de una ley de norma sino en los beneficios a corto, mediano y largo plazo, tomando en cuento sus efectos secundarios nocivos para la sociedad, y se acabo; el legislo es un estudiante de leyes y de filosofía con historia universal de toda la vida y en efecto el legislo es un amante del estudio así como un mercante ama el viajar y conocer todo el mundo intercambiando sus mercancías y viviendo libre físicamente que también es una libertad interior, no así el legislo que su máximo placer es brindar libertad y cuidado a un desvalido por eso la comparación del ministro en lo secular con el ministro en lo religioso o sea ""SACRIFICIO EN EL SERVICIO"", pero todo tiene su recompensa uno hereda bienes económicos como mercante y el otro hereda una nación y deja huella en la humanidad como legislo es decir todo esta debidamente equilibrado en la vida desde sus primeros orígenes como Ente Terráqueo evolutivo. Que es lo que enarbola a una nación en su valor moral sino las vivencias de sus progenitores y de la enseñanza que le transmiten a sus hijos por generaciones como en Alemania la cerveza, en México el tequila, en USA la soda de naranja, en Japón el saque y por ultimo en África el agua simple y todo estos representa libertad, hombría y belleza y sigue siendo los orígenes evolutivos del Homo Sapiens Sapiens que como valores legislo para conservarlos en el mundo del Deber Ser y transmitirlos al mundo del Ser y como juez ahora al hombre mismo. Así que no podemos subestimar a nuestro hábitat Terráqueo para legislar por que nuestro equilibrio es un cubo perfecto que cuando le falta una pieza pequeña se acaba su fuerza y equilibrio; y vemos pandemias, protestas e incoherencias de manifestaciones de gente desnuda enfrente de niños y pubertos que ven sus ejemplos de los mayores en edad manifestarse y pensando que esto es normal, y bueno esto es un cáncer para la sociedad que degenera en focos rojos de violaciones a la ley, así que entre mas agá caso omiso el Estado a estas pequeñas sorras metafóricas que destruyen cosechas enteras o formas de gobierno que costaron la sangre de cien miles de libertadores, habrá inestabilidad en el Estado y aunado a esto la falta de planeación para principalmente asentamientos humanos los cuales no pueden regularse legalmente para impartirles servicios incurriendo así en la falta de sustento económico o en la falta de pago de impuestos por parte del contribuyente. El idealismo en el joven y maturo de legislo es esencial para inspirarse e innovar leyes, el ser humano tiene la cualidad de la imaginación que es una poderosa herramienta para dictar leyes del orden de preponderancia de aplicación ya que por disposición natural el mismo ser humano vela por el bien común supraconcientemente para anular su efecto del enojo de los dioses de la llegada después de la muerte al inframundo, estos son atavismos propios del genero humano por la elevación de ideales como la contemplación de la naturaleza que siempre para una sociedad primitiva le concede el razonamiento de la Deidad o de un poder superior llamado Dios Omnipotente basado en el poder de las fuerzas naturales y de la naturaleza misma asi que mientras no lleguemos al punto culmine de nuestra evolución el genero humano seguirá superándose asi mismo motivado por la contemplación de un ideal inspiracional o el ser ""SOÑADOR"". La Biblia un libro milenario que no puede ser tomado en menos y debe ser supeditado a la máxima representación del Ente Deidal Humano ya que de este libro provienen en su máximo porcentaje los criterios que rigen nuestras vidas tanto económicamente, como políticamente y socialmente; Hay una historia bíblica que habla de José el Soñador que bajo todo tipo de inclemencias y perjurios de sus propio pueblo y hermanos de sangre es condenado a la esclavitud en Egipto y después de 17 años es echo segundo faraón en Egipto o sea un esclavo o la historia épica de Moisés o de Abraham que fueron grandes legisladores que han inspirado a millones de vidas humanas a través de todos los tiempos antiguos y modernos, que un humilde campesino y pastor de ovejas como Moisés con su callado derrota e intimida al un Imperio como Egipto, o como el pensador Jesús de Nazaret y sus doce mensajeros sucumben ante sus pies El Imperio Romano, sin armas, sin legiones sino ante el valor de una idea de preponderancia moral vivencial el ""AMOR""; que es la base de la familia que es la base del Estado, así que fue lo que ataco la doctrina de Jesús de Nazaret sino a la familia o célula mínima de composición de un Estado de Gobierno que fue un cáncer que invadió al mundo conocido trayendo al mas grande paradigma de todos los tiempos la confusión del perdón ilógico con el tinte de verdad y con el disfraz de la mentira o sea un a cortina de humo, justo y necesario para evitar un cataclismo mundial entre diferentes razas del Planeta Tierra; entonces que fue Jesús de Nazaret sino un Estadista de legislo que cambio la ley Mosaica como la ley del talión invirtiéndola por la ley del amor al prójimo; ojo, que estrategia empleo Jesús de Nazaret sino la confusión por que ya no era la supervivencia de un pueblo como el judío sino que ahora era la supervivencia de Europa y Oriente mas África con en Imperio Romano donde la mayor parte de la humanidad moría o vivía bajo el dominio de los Cesares así que Jesús de Nazaret como Estadista de Legislo tubo seguidores y amigos pero se gano la enemistad de Roma y se echo a un Imperio el mas grande de todos los tiempos como enemigos pero el golpe final lo dio Jesús de Nazaret al hacer a todo el imperio romano cristiano o sea el cáncer de la confusión del amor, aquí esta lo magnánimo de un Estadista de Legislo que su trascendencia es eterna y de un peso moral incalculable como la del líder inspiracional Mahatma Gandhi; ficticio o real fueron lideres que seguirán vivos por su heroísmo moral y su espada de dos filos, la palabra; terrible no que estos dos personajes de la historia sean tan capaces de conquistar al mundo en polos opuestos de estrategias pero con resultados equiparablemente letales y exitosos como el de Alejandro Magno el gran conquistador Griego; simplemente lo podemos manejar como filosofías de vida o como el practicar diferentes religiones paganas o cristianas que tiene efecto de influencia en la medida que las vivimos o creemos en sus verdades subjetivas u objetivas por que toda idea es virtual o del mundo del Deber Ser hasta que se asienta sobre bases reales para pasar a ser parte del mundo del Ser por eso una idea es una suave saeta o flecha que surca los vientos e infecta con su veneno aniquilando a su opositor, una idea my colega de legislo por eso es tan importante lo que se plasma en un escrito de ley como las palabras al viento o sea ""PRUDENCIA"" al escribir y al hablar, si se habla o se escribe con un objetivo que tenga repercusiones contundentes para nuestros fines como un Mahatma Gandhi o un Jesús de Nazaret o un Alejandro Magno o sea tres personajes de la humanidad en tres facetas la astucia, la verdad, y el poder para gobernar con éxito, por ende joven incauto de legislo debes estudiar historia de La India, historia de Grecia e Historia del mas grande pueblo de todos los tiempos el pueblo Hebreo Israel judío y solamente así podrás entender el mundo de legislo. Bien ahora cambiemos de panorama y hablemos de las características del pueblo Griego como: Poder, fuerza y sabiduría y las del pueblo Hindú devoción e inquebrantabilidad y la del pueblo Hebreo inspiracional así que como vez necesitas para legislar: *FUERZA, PODER, SABIDURIA, DEVOCION, INQUEBRANTABILIDAD E INSPIRACION*, o sea necesitas estudiar toda la historia de los grandes héroes de la humanidad de estas tres culturas de PUREZA (griegos), INTEGRIDAD (judíos), VALOR (hindúes), por eso joven de legislo llevo diciéndote a lo largo de este escrito que estudies Historia Universal y principalmente historia de todas las religiones del mundo por que en base a ellas se legislo a través de los milenios siendo el Mundo Del Deber Ser el máximo Órgano rector o Estado para la historia antigua de las diferentes culturas del Mundo. Hablemos del **Estado Bélico Espartano** y su trascendencia para la humanidad así como de Atenas cuna de la cultura de la civilización Terráquea; ambas culturas emblemaron ideales y ambas culturas tuvieron palabras de echo y ambas culturas fueron devocionales a el ideal de sus dioses o sea tres características del mundo del Deber Ser o sea un cubo perfecto de defensa y de filosofía de vida de inclemencia para la guerra y de clemencia para sus propios hermanos hablando de una nación, así que los griegos espartanos fueron idealistas y sus dirigentes fueron pasionales y muy coléricos basados en la razón de que todos buscan sus propios intereses pero entre su misma jauría Espartana todos eran hermanos y se perdonaban y procuraban; y si esto fue entre un Estado Bélico que no seria en el Estado del amor al conocimiento o La Gran Atenas y sus atenienses poéticos y si sumamos las dos culturas suena así poetas guerreros inspiracionales y si lo invertimos al mundo del Ser poetas guerreros legisladores y esto es ""JUSTICIA"". Todo el compendio Espartano y Ateniense fue para traer libertad y justicia a través de las leyes bélicas o poéticas todo esto fue por justicia y libertad así que otra pista para legislar en la viabilidad de la justicia: es no coartar la libertad desde el punto moral y físico, este fue el punto de quiebre de las monarquías europeas y orientales que no estaban lo suficiente bien organizadas en su política de gobierno y de ejercicio de poder y en la medida que las sociedades mundiales se volvieron mas complejas necesitaron de una organización de gobierno mas compleja que era imposible ser llevada por un Monarca imperial como paso en la Antigua China donde el pueblo moría de hambre y era una dictadura de gobierno donde el emperador chino no estaba enterado de todo lo que pasaba en su territorio; así que tampoco es perjudicial una monarquía como imperio de nación siempre y cuando el pueblo o plebeyos estén bien alimentados y orgullosos de su corona, es actual siglo XXI y el que la Tierra sea un paraíso no depende de los Ángelus ni de los guerreros camisaque, ni de la quinta encomienda franciscana y menos de inmolados con sus 15 vírgenes en el paraíso sexual, simplemente los simios de polineses tienes diferentes rituales de apareamientos que los simios africanos y que lo simios americanos y todo esto es genético evolutivo y también desde la predilección de vestimentas en los diferentes colores si secos o luminosos si chillantes o serios; pero por eso la grandeza de la civilización Humana que en su diversidad esta su éxito así que joven de legislo ya ves que el ser un ministro legislador no es nada mas estudiar derecho romano y filosofía griega sino es todo un compendio de conocimiento y de calidad humana que como dirigentes se aplica en todas las aéreas de tu vida. Hablemos del **Estado Israelí religioso** y su ley Mosaica; primero hay que poner en claro que esta ley es la manera perfecta entre dos puntos o el punto medio, es decir una ley que opera divinamente y que regula la conducta humana y que transfiere normas de ley supeditadas a los mas altos valores morales del mundo del Deber Ser por esto la fuerza de esta raza Hebrea y su dominio mundial económicamente hablando. Todo ser vivo necesita de confianza el lo incierto del futuro y a esto se le llama ""FE"" y la ley Mosaica convino divinidad con humildad haciendo al ser humano amigo de lo inalcanzable o sea Dios confiriéndole al hombre consuetudinariamente los atributos de Dios y por ende una calidad de vida superior en todos los sentidos a base de la disciplina, el orden y el estudio dándole además el por que de las cosas y de su ejecución. La ley Mosaica aparte de ser moral transmite convicción y en demasía una confianza sobrenatural y sentido de protección por así llamarlo en el aire o sea esta es la fase abstracta de Dios que solamente se le invoca con el pensamiento y la tercera fase es el súper hombre donde por criterio de aplicación y convicción se vive la verdad pero supeditada a un valor mas alto como el amor entre hermanos de una nación o una hegemonía moral de credo en la justicia y lo puro; la tanaj hebrea legislo todo el ámbito del pueblo judío desde su alimentación hasta el Estado=Dios y como dirigirse a EL con todo el protocolo y debido respeto y con halagos por su magnanimidad y realeza o sea el protocolo; la ley Mosaica es meramente disciplina e imparcialidad y a la ves es mu severa al acto del delito u desobediencia y además transfiere al pueblo el alto valor moral de ser únicos ante los demás pueblos del mundo y les da confianza en promesas que se cumplen no por la voluntad divina sino por los actos del mismo ser humano hebreo, Israel es una nación que dejo de serlo por centurias y que en base de la voluntad de hierro férrea en su ley Mosaica y el Tanaj hebreo se volvieron a consolidar como nación en medio Oriente en el siglo pasado XX sin mencionar que innovan tecnologías científicas revolucionaras para su actual época siglo XXI sin mencionar de la inteligencia superior al común de los pueblos y naciones del Planeta Tierra y esto ¿Por qué es? O ¿A que se debe? Se debe a su legislación Mosaica de leyes sanitarias y de alimentación entre muchas otras normas de ley religiosas. Por ejemplo se le llamo que comer animales inmundos fue transgresión a la ley Mosaica y su Tanaj pero estos animales impuros espiritualmente y de composición química sanguínea y de su carne comestible como el cerdo y los reptiles por las toxinas que tienen estos animales y que al comerse menguan la fuerza física y la inteligencia y si nos ponemos a pensar que los pueblos no judíos practicaron estas costumbres por milenios sus antecedentes son de pandemias, niños malformados, hambres, derrocamientos de formas de gobiernos, enfermedades venéreas, y actualmente Sida, mas sin en cambio el pueblo judío se mantuvo ajeno a todos estos desordenes de la mente y del cuerpo y sus consecuencias son que económicamente, políticamente y socialmente dominan al mundo y se les persigue por su grandeza que les ha costado cinco mil años de devoción a lo limpio y puro y de continua superación de raza, ¿Por qué? Legislaron sobre el mundo del Deber Ser Y el mundo del Ser y lo aplicaron contra toda oposición y critica; y su ley Mosaica y su Tanaj vive y vivirá eternamente **""Disciplina""**; inspirados en un poder superior en un Ente ideal son el pueblo numero uno del Planeta Tierra o el poder del Mundo del Deber Ser aplicado al mundo del Ser lograron hazañas como Gedeón y sus trescientos guerreros Hebreos contra un ejercito de veinte mil gentiles en medio Oriente y prevalecieron o el poder de una vara de pastorear ovejas de Moisés con la que desafío al Faraón Ramsés o sea todo el poder de un ideal depositado en un símbolo de humildad y perseverancia en una vara esto es el poder de la abstracción de conferir el valor al éter de la nada o del mundo de las ideas de Sócrates sin mencionar que Abraham el padre de la fe o de la ""CONFIANZA EN UNO MISMO"" lo puede lograr todo a un a pesar de nuestra edad natural biológica como diciendo que confiere fuerza sino la idea y no la fuerza física de donde esta la grandeza de una nación sino en su ideal de vida y no en lo poderoso de su fuerza física evolutiva; actualmente muchos escritores europeos y anglosajones se admiran de la grandeza de las razas autóctonas indígenas del continente Americano como los calendarios Maya y Azteca mas exactos que el calendario Gregoriano, se prende de la historia para legislar en el mundo del Ser basado en el mundo del Deber Ser, es así que el mundo del Ser necesita una reconvención de sus principios de elaboración y de ejecución de norma de ley para la sanidad de la sociedad que debe ser consentida pero también educada y disciplinada para su correcta y viable desarrollo sanamente. Hablemos ahora del **Estado politeísta**

Hindú de devoción; comencemos analizando al ciudadano Hindú como: pacíficos, humildes, de respeto, tenaces, de convicción, observadores y amor por la vida en general por lo que los hace un pueblo de tierra fértil para una forma de gobierno Deísta como la hebrea no solo por el bien de los hindúes como nación sino por el bien común de la humanidad, hay un dicho que dice que entre mas sepa el guerrero manejar diferentes armas mayor es su posibilidad de supervivencia en el combate cuerpo a cuerpo pues lo mismo es para la humanidad que necesita de un equilibrio pues no todo puede ser ciencia y tecnologías avanzadas interestelares o Estados religiosos de fuerza moral espiritual o Estados económicos de neoliberalismos de comercio sino que la combinación de estas tres ultimas características dan la estabilidad de cohesión de hegemonía de Sociedad y Estado para su correcto funcionamiento. Es así como el Estado Hindú es un soporte o una liga que transfiere entre lo místico de cultura religiosa y lo tecnológico de avance actual como diciendo lo que en otras épocas se le llamo magia en estos tiempos se le llama ciencia tecnológica, no olvidemos que Mahatma Gandhi engrandeció el Ser Espiritual de la Humanidad como un Ente de Hermandad por la vida por esto la grandeza inaudita de este Gran Pensador Humano que reconoció al Maestro de Maestros Jesús De Nazaret de donde por ende podemos entender que del pantano pueden salir Orquídeas Doradas Centellantes asi que no podemos ignorar al mundo del deber Ser sino que es una constante de aplicación de recurrir al ideal de aplicación de norma de ley para aplicarlo al mundo del Ser adaptándolo a las diferentes situaciones bajo ley, norma, articulo y fracciones, capítulos, párrafos y agregados y sus derivaciones según las diferentes actividades de las diferentes sociedades y ya no es complicado solo hay que pensar y trabajar o sea mucha talacha de compromiso, y la superioridad de un legislo es su ""COMPROMISO Y TENACIDAD"" con la sociedad. Hablemos de otros Estados primitivos para dar fin a este dialogo de disertación como mera capsula informativa de base: Joven de legislo ante la vida te vas a encontrar con muchas divergentes de aplicación de norma de ley pero el amplio criterio te dará la capacidad para encontrar la solución de norma de ley sabiendo que para legislar tienes que partir de lo particular a lo general no desde el punto sociológico que es de lo general a o particular, ¿Por qué? Porque el comportamiento de la sociedad comenzó como una horda en su composición mínima social de cooperación y se legislaron leyes hipotéticamente hablando de urbanidad primitiva desde la vestimenta hasta quien comía primero sino los mas fuertes pero a medida que se fue adquiriendo conciencia de grupo y de necesidades los primeros en comer fueron los niños, las mujeres y los ancianos; y a medida que se fueron civilizando vino la conciencia de hacerse sedentarios y de innovar nuevas técnicas de suplir las necesidades primarias; y esto que nos enseña que para legislar correctamente hay que hacerlo conforme evoluciona la sociedad y calcular su proyección de giro a lo largo de décadas o centurias o de milenios en base a sus necesidades físicas, psíquicas y anímicas y de desarrollo como ente social sociológico de trascendencia real. Es así como el legislar al mundo del deber Ser se apela a todas las disciplinas científicas y sociales y artísticas pues todo compele a la sociedad así que no se puede dejar ni un cabo suelto para legislar sobre normas de ley.

Estado Y Sociedad En Una Simbiosis De Interacción De Gobernadores Y Gobernados Actuando El Mundo Del Ser y El Mundo Del Deber Ser

INTRODUCCIÓN

El desarrollo de una economía y su política así como de su sociedad no es por trabajos particulares independientes sino el trabajo conjunto y de equipo entre gobernados y gobernantes de Elite. Muchos filósofos griegos incursionaron en las bases de la política pero no dieron las bases para una política económica y menos para una economía política por eso el desarrollo deficiente y mal logrado de las sociedades gobernadas de este Edén de ensaladas ideológicas de diferentes razas con sus éxitos y fracasos y que por el bien particular y mísero de ellos mismos como pueblo unido de Gobernados y Gobernantes están en el estira y afloja de cómo dar el movimiento armónica económico del Rif para una estabilidad económica nacional de cada país así como mundial.

CONTRAPORTADA

La sociedad no activa es un musculo que sin el debido ejercitamiento para que se mantenga o permanezca, desaparece como civilización en su ámbito económico, político y social y es así como el componente mínimo social, la familia en su célula funciona de la mano con el Estado de lo contrario podría desaparecer; por eso la sociedad es cinética y la economía y la política son fuerza potencial.

DEDICATORIA

Este libro en su tercer volumen lo dedico a los sumerios y a los Jardines Colgantes de Babilonia símbolos de la grandeza de la unidad primitiva que expreso grandeza de unidad y de solidaridad por la grandeza de una nación en su raza Caldea.

ESTADO Y SOCIEDAD FUNCIONANDO EN UNA SIMBIOSIS DEL MUNDO DEL DEBER SER Y EL MUNDO DEL SER

- Para que la organización social funcione en su conjunto de Estado y Sociedad tiene que haber una cinética de movimiento **económico** base y fundamento de la política y sociedad de un pueblo, la **política** base y sustento de la organización ideológica con respecto de los ideales de tierra, libertad y cultura de una nación y de un pueblo gobernado, la **sociedad** como el tercer elemento que cohesiona el todo de una nación es sus tres elementos antes mencionados; es así como cada elemento es de suma importancia para el sano funcionamiento del Estado y su sociedad como: el combustible que da poder de movimiento a una maquina o el Estado y el lubricante que aceita los engranes o la política y mecanismos de la maquina y no sin dejar de mencionar a la maquinaria o sociedad. En el ámbito **económico** el fundamento de un Estado y sobre el cual se planea y se finca el futuro; pero desde un punto de vista mas filosófico y real que es el ámbito económico o su mas primitiva célula de desarrollo para el Estado y su Estadista de Legislo; **analicemos** pues que es el ámbito económico sino mutua cooperación en una base de conciencia de la necesidad del congénere o prójimo y que en base a esta misma necesidad se finco la infraestructura de la institución religiosa, de gobierno y de salud, y alimentaria pero su base mas fundamental de este ámbito económico es **la mutua cooperación** pero como la prima social se fue haciendo mas compleja fue necesario incrementar costos para atender mejor a su sociedad que muto de horda a clan y de clan a tribu donde ya

107

había un líder o Rey y aquí actuó la conciencia por la buena fe de decir no es justo Rey que tu solo te dediques a ayudar a la comuna solamente gobiérnanos y nosotros te mantenemos o **te pagamos impuestos,** entonces se legislo una ley oral de tributos al Rey o Estado basado en la conciencia de una necesidad imperante de un cerebro pensante que organizara a la sociedad mientras esta se dedicaba a ser mas compleja y a ser feliz. Y sobre la base de conciencia de bienes adquiridos y prosperidad en base a la economía la sociedad primitiva se motivo a incrementar su comercio sea por trueque o permuta de bienes o por moneda los pequeños comerciantes se hicieron mercantes al grado que el mundo obtuvo su desarrollo a través de las vías de comercio terrestre y marítimas así como de conquistas territoriales desde el desarrollo de la edad de hierro hasta el armamento mas sofisticado de este actual siglo XXI, y todo esto motivado por un bien económico del usufructo del ser humano; pero entorno a todo esto fue necesario organizar un gobierno con ideales de gobierno y de un orgullo nacional toda vía hipotético para a aquellos tiempos primitivos y emblemaron a los animales salvajes por lo místico de su fuerza y fiereza; y estos fueron los Estados primitivos basados en la nobleza y fiereza de los animales salvajes que después fueron elevados a la calidad de dioses y de donde después de esos valores abstractos en virtud de moral se confirió al valor de una legislación oral donde el cenado y consejeros fueron el curandero o mago o astrólogos o chamanes y que estos mismos por orden de los dioses eligieron a los gurreros o al poder judicial ya de una polis pero hubo **un sustento económico** sin el cual toda esta gama de organización social hubiera sido un fracaso así que esta metamorfosis social necesito de un combustible o sea **lo monetario**, y en base a esta metamorfosis mercantil surgió en estos últimos tiempos el Derecho Internacional y la creación en el siglo pasado XX la ONU premonición de una confederación de territorios y de omisión del pago de aranceles e impuesto que dan la libertad sin saberlo a un mayor desarrollo social en todo ámbito del Homo Sapiens Sapiens; es decir no basta el desarrollo económico y su crecimiento como el Ente de un Estado sino una **organización** y al haber organización hay **control** entonces hay desarrollo económico por que se legisla por eso los países subdesarrollados

por mas recursos naturales que tengan como no están
organizados no tienen un desarrollo económico; mas sin en
cambio países con desiertos por territorios son súper potencias
económicas y tecnológicas debido a su organización de
infraestructura económica, o sea dan soporte a su población
económico, político y de ayuda social para los ancianos, asi que
la sabia del ecosistema natural es el movimiento económico y
entre mas bases solidas tenga su economía hará un movimiento
armónico no solo de comercio sino en el que su sociedad
cooperara cuidando la inversión del Estado en la misma y aquí es
donde comienza esta incalculable simbiosis de cooperación en
valor humano pues no todo puede ser relegado en
responsabilidad al Estado y su economía o a la sociedad o a sus
legisladores en política sino que es un trabajo en equipo; el
empresario capitalista tiene que ser consentido y el mismo Estado
debe velar por los intereses de estos socios monetarios del
gobierno no solo por imagen mundial e internacional sino porque
son el motor de empleo y de innovaciones tecnológicas de una
nación e investigaciones en tecnologías de frontera; invitar a un
socio capitalista de la talla mundial Europea es invitar a la
Comunidad Europea y a la Elite de una clase económica que solo
trae a un Estado prosperidad pero si hay inestabilidad en un
sistema de producción capitalista y revueltas sociales por la
incompetencia de un Gobierno Federal quien quiere perder sus
recursos por amor al arte; ni el Ente social ni el Ente de Estado lo
hacen, es decir hay que preparar la tierra de labor para sembrar
la semilla de un socio capitalista obtenga el noventa por ciento de
ganancia y el gobierno el diez por ciento pero ese diez por ciento
significa desarrollo social en infraestructuras y la apertura a un
comercio exterior a macro escalas económicas mundiales,
entonces en las hordas, clanes y tribus se supo invertir la
economía o lo monetario y el desvió de recursos para invertir en
sectores de la economía preponderantes en sumo potencial como
por ejemplo el petróleo, gas natural, energía nuclear, granos
híbridos; es decir invertir en las bases del desarrollo económico;
en la antigüedad fueron los herreros que mediante la orfebrería
del hierro fabricaron herramientas para cultivar la tierra y se
agilizo el comercio de especies y de granos y por ende el ganado
sin mencionar la fabricación de armas primitivas para defenderse

y expandir sus dominios territoriales, bueno fue otra época menos consiente del dialogo y la razón y la historia nos enseña que hay que estar preparados para la guerra pero también al mismo tiempo para el dialogo y esta seguridad la da el sustento económico de una nación que funge como un primer cónsul real de la armonía y la paz por su solidez económica que brinda estabilidad; todos sabemos que la base de la política y sociedad es la economía y entre mas se solidifique y expanda esta misma se esta preparando la infraestructura para la gobernabilidad de la sociedad y de un Estado preponderantemente dominante, así que se debe planear la legislación concerniente a la economía de una nación en todo ámbito y sentido; y pues esto se refiere a lo que da vida al motor y lo alimenta o sea el combustible o gasolina o lo monetario. Los monopolios son buenos siempre y cuando haya innovación tecnológica década con década y se diversifique esta tecnología dando paso a la manufactura de suplementos tecnológicos o de partes de enseres tecnológicos como microprocesadores por dar un ejemplo y se cree una infraestructura desde lo administrativo hasta lo de industria pesada y maquinaria y para esto hay que organizar toda una estructura de normas y leyes, manuales y códigos de servicios basados en el consumidor así como leyes y normas de garantías de los productos, y de responsabilidad de los fabricantes; esto no debe ser tomado a menos ya que basta que un sector económico enferme para que la inconformidad y el rumor ronden por la sociedad dando origen a la calumnia y a la duda del gobierno y de los gobernantes. La idea de legislar es la idea de innovar y de diversificar con visión de proyecto a corto, mediano y largo plazo y el efecto que causara esta reforma de ley; no se puede legislar desde la corona infatuada de la gloria de un imperio si primero no se han fincado sus bases de política y de economía, la gloria de un árbol de roble no comenzó con su máxima diadema de corona de hojas sino que comenzó con una simple semilla que callo en buena tierra idónea con la fuerza para dar crecimiento a la semilla y de ahí poco a poco se fue diversificando en mas ramas y mas hojas donde las ramas primarias pasaron a ser troncos de sustento y asi sucesivamente sin descuidar lo ya fortalecido para fortalecerlo mas y tener sustento para todo el enramaje mas o por así decirlo es sacrificable una ramita pero no el tronco que la sostiene hablando de un sector económico que apenas esta brotando con respecto al sector económico institucional que lo mantiene y que ya tiene un fuerza económica de sustento de una población como los bancos. Prever los efectos de un giro económico indeseable tiene que ser un sistema organizacional de prevención de riesgos así como una base de sustento económica para cualquier siniestro inevitable; así que en base a todos los efectos negativos de la economía emergente se tiene que buscar la tierra idónea o el sector económico idóneo con la fuerza necesaria para dar crecimiento a la semilla del desarrollo económico con la proyección a corto, mediano y largo plazo para una infraestructura económica que brinde bases de desarrollo para una sociedad que se expanda y en su expansión afecte o beneficie a otros sectores de la sociedad, como que beneficios, como los de empleos, incremento de comercio, incremento de vías de transporte, incremento de fabricas que busquen mano de obra de la misma zona donde estén explotando un recurso natural renovable o no renovable, servicios hospitalarios, servicios de educación como kínder, primaria, secundaria, preparatoria y profesional que beneficien a la misma zona y zonas cercanas aledañas a la misma zona de comercio evitando la desmarcaion de la población de provincia del interior de un país a zonas cosmopolitas y metropolitanas de un súper movimiento económico; asi que de esta manera se diversifica la economía de una nación en diferentes puntos al mismo tiempo pero primero hay que sentar estas bases de sustento para que la economía de un país salga a flote y esto se logra comenzando de lo mas sencillo proyectando a lo mas complejo de donde el Estadista de legislo tiene que hacerla de representante de la sociedad atendiendo los asuntos personalmente e infundiendo confianza de resultado al sector social económico que se esta adaptando a un modelo económico previamente diseñado a la situación geográfica de la zona asi como de sus recursos naturales y posibilidades de desarrollo; y todo esto comprende toda una labor de planeación y de dedicarle tiempo mas hacer sus notas de pequeños imprevistos asi como de poner cabezas interinas de gobierno que monitoreen a este grupo social por su potencial económico para la nación, el objetivo es obtener recursos económicos para otros proyectos de economía emergente que se tornen en proyectos sólidos económicamente hablando, las bases son tierra de cultivo, agua necesaria y suficiente, situación geográfica no accidentada para fácil vías de comunicación y de comercio así como de telecomunicaciones y posiblemente ser lugar turístico (todo un complejo económico de éxito) pero previa planeación. Se pueden diseñar complejos económicos de alto flujo de efectivo y de expansión de infraestructura de acuerdo a las siguientes características como: si son grandes expansiones de tierra fértil negra se pueden poner jardines botánicos y jardines colgantes botánicos con una clara explicación del poder curativos de estas plantas expuestas en la idiomas nacionales y de mayor flujo de turismo y de ahí se pueden hacer toda una diversificación de productos en emulsiones, cremas, píldoras, cremas no solo para el turismo internacional sino también para el turismo nacional del mismo país origen. Si se tiene en otra región geográfica del mismo territorio de una nación arbolado se puede implementar la fabricación de muebles, artesanías de madera buscando una asociación de comerciantes bajo contrato de artesanos y de medios mecánicos para fabricar todo tipo de muebles de madera para su exportación así como para la misma nación origen pero si manejar controles de calidad no perfectos pero si aceptables y buscar la perfección con el tiempo de estar en el mercado y de conocer los gustos de los clientes extranjeros y nacionales así como de los turistas de ambos tipos. Para las costas desarrollos turísticos, industrias pesqueras, aceites curativos de quemaduras, vitaminas a base de calcio, industria naturista con control de calidad para su exportación, exportación de productos marinos paradisiacos como caracoles y conchas que tanto recolectan los turistas que visitan playas y el Caribe a precios de competencia con otras naciones, maquila artificial de estos mismos productos en polímeros para no agotar su existencia en las costas. Zonas tropicales como la proliferación de insectos comestibles y sus productos como seda, miel, azúcar. En territorios de climas templados de tierra de cultivo; cultivar algodón, maíz, cebada, avena, trigo y huertas frutales de tal manera que estén diseñadas para que el turismo se deleite en visitar estos lugares y al mismo tiempo lleguen inversionistas de otras partes del mundo que llamados por los vividos colores del orden social y de su potencial económico inviertan en el sector agrícola por la calidad de su tierra, y aquí vamos a hacer un alto; que normas emplearas joven de legislo o que beneficios darás de competencia a estos inversionistas capitalistas de ventajas ante otras ofertas de otras naciones; y no es estancar los sueldos mínimos de los obreros, ni eludiendo impuestos, sino apoyando la educación y la preparación técnica y profesional de tus mismos gobernados o sea metiendo una infraestructura económica que de impulso tanto a tu sociedad como a los socios inversionistas capitalistas extranjeros, es difícil iniciar este motor económico en potencia pero una vez estando en marcha las posibilidades de crecimiento económico son infinitas, desde desarrollo e innovación de nuevas tecnologías en telecomunicaciones por dar un ejemplo hasta establecer pequeños empresarios a nivel hogar con las mujeres, madres solteras, tercera edad desempleada, minusválidos sin trabajo, estudiantes que financien sus estudios, y la preponderancia de financiamiento para la innovación de nuevas empresas en tecnologías de frontera científicas que den pauta a la solidificación de nuevas profesiones con fronteras de conocimiento tecnológico o doctorados de especialización en sus mismas naciones o países extranjeros primeros potencias. Esto es todo un complejo económico de infraestructura de preponderante éxito. Así que la bases para legislar son los mutuos beneficios tanto para patronado como para proletariado en todo sentido y en toda oportunidad de proyecciones tanto para el patronado como para el proletariado en base a la compensación de incentivos por tiempo, lugar e inversión de la empresa como la fuga de cerebros que no es malo simplemente es un aliento para la clase mas desprotegida que mediante el estudio y dedicación puede cambiar su situación de vida económica en su misma nación o en otra nación extranjera desde la mínima composición del Estado la familia hasta una comunidad que trabaja por un bien común económico de proyección a largo plazo o sea ""TRABAJO EN EQUIPO"". Las principales disciplinas profesionales en un sector económico para alentar su proliferación y apoyo económico son: Ingeniería civil, Ingeniería mecánica, Ingeniería electrónica y por ultimo Ingeniería en alimentos y por el lado de ciencias y humanidades: filosofía y letras, psicología, sociología, Leyes, Administración y contabilidad, relaciones internacionales, esto es la composición mínima de empuje para el desarrollo de un Estado y sociedad en su ámbito económico; entonces la conjunción exitosa de estas disciplinas físico matemáticas y ciencias humanidades traen proyección a un país, y bueno la fe religiosa pagana o cristiana no juega ningún desarrollo preponderante en la economía de una nación pues todo se resume en artículos de primeras necesidades para subsistir y cuando el hambre aprieta sea domingo día de reposo o el karma junto con su mantra hay que trabajar para comer. Es inevitable a un milenio mas de nuestra civilización que el papel moneda será eliminado y los sistemas electrónicos y por inducción laser de reconocimiento individual y particular de cada ciudadano serán el pan de cada día de donde indigentes y los desprotegidos de la sociedad desaparecerán por la suprema conciencia ciudadana y esto es maravilloso pero nuevamente es la maquinaria que apenas en su energía potencial comienza a marchar proyectándose hacia el infinito de posibilidades de desarrollo económico de infraestructura de atención y desarrollo social. Que se necesita para que halla flujo de efectivo en una sociedad o el tan preciado combustible que da el movimiento a la maquinaria que es la sociedad: es lo etéreo o lo intangible; lo que une en armonía o una costumbre de identificación de idiosincrasia de unidad basado en un una idea ""CONFIANZA"" en los gobernantes, confianza en las importaciones, confianza en las exportaciones, confianza en los destinos de dinero de los impuestos de los contribuyentes etc. Para poder actuar en la base de emprender negocios, transacciones, preparación secular, y las bolsas de valores de preponderancia mundial y su estabilidad que significa la estabilidad económica de una nación y del mundo bursátil del compendio económico mundial; alguien siempre tiene que llevar la batuta económica del mundo así como privilegios y muchas concesiones pero también responsabilidades y obligaciones, y ya no es tiempo de decir que la bola del pool es blanca radicalmente para jugar el juego del azar del billar también hay bolas negras de pool de villar y en la variedad esta la oportunidad de vida y de desarrollo y de unificación mundial; lamentablemente tenemos que comer y la tripa aprieta y esto es un instinto primario primitivo de supervivencia por ende entendemos que la economía mutara en **econologia** o el estudio de cómo aprovechar los recursos naturales de un medio ambiente determinado para sustentar a una sociedad es decir trabajas ocho días a la semana y descansas dos días o el fin de semana pero acumulaste mil puntos electrónicos en cinco días de trabajo o sea cuatro mil puntos al mes de los cuales destinas tres mil puntos para el conjunto de todas tus necesidades y servicios hospitalarios y ahorras en un fondo electrónico mil puntos al mes para tus vacaciones como proletariado del futuro y ya; o sea una muy complicada tecnología de sistematización de medios y modos de producción y de registros para simplificar la vida y tener un sumo control de todo: El objetivo la preservación de la especie humana. La economía no es dar equitativamente al ser Homo dinero sino proyectarlo para un desarrollo tecnológico en todo sentido en el conjunto de la humanidad como especie de trabajo en equipo para su proyección pro futurista. Hace apenas ciento diez años toda vía la fuerza de desarrollo eran los caballos y para la agricultura los bueyes y en ciento diez años mas tarde el hombre ya salió del sistema solar y ya esta buscando contactar otras civilizaciones mas avanzadas en todos los sentidos que nosotros como planeta Tierra no lo somos, y que paso, fallaron las profesáis de Nostradamus o estamos ante una imperante verdad el Ser Humano es Dios en su interior para alcanzar lo inalcanzable y para profesarse respeto, amor y compresión o el súper hombre de Nistche o el ideal del Homo Sapiens Sapiens ""LA FELICIDAD PLENA"" filosofando un poco, pero centrémonos en la economía y su importancia como la base o cimentación de una superestructura llamada política y sociedad en su confianza económica de política social que en términos muy sencillos significa pastoralmente hablando ""CUIDADO POR LA SOCIEDAD GOBERNANTE Y GOBERNADA"" o sea gobernante por que en su totalidad como conjunto de protesta puede cambiar leyes a leyes de reforma, y gobernada por el privilegio de disfrutar la vida sin preocuparse a la dirección a la cual va pues su ""CONFIANZA ESTA BASADA EN SUS GOBERNANTES"" un gran combustible de integridad moral de ética así que en el mundo del Deber Ser tiene que ver mucho en este punto así que no nos preocupemos todo es evolución para mejorar y a través de la historia plena de la humanidad se aprendió del ensayo y error para después sistematizar un método sistemático llamado la

""CIENCIA DE TODO"" como la energía no se crea ni se destruye solo se transforma; en el concepto abstracto del dinero en economía no se crea ni se destruye solo se transforma en servicios, bienes y productos o la cinética de una sociedad que si deja de tener su movimiento natural económico desaparece, como el musculo del cuerpo que deja de utilizarse se atrofia y luego desaparece o viene su extinción, así que una sociedad económica es movimiento en cinética que es avalada o sustentada por una energía potencial de virtudes o características de desarrollo de proyección como la piedra en bruto llamada diamante. La confianza es la base para todo desarrollo en todo ámbito natural de vida y económico asi como de sociedades mercantiles de SA y de CV, desde un taller mecánico, tortillería, hasta mercados sobre ruedas, o sea una sociedad activa que confía en su evolución y capacidad de adaptación al cambio y por ende se entiende que por esto la sociedad y su Estado están en continuo movimiento de sinergia económica y de mutación mercantil. **En el ámbito Político que es la diplomacia** tanto para una sociedad como para las relaciones entre diferentes políticas, políticas de gobierno, políticas económicas, políticas de competencia de comercio, políticas religiosas de control de masas o el opio del pueblo, políticas de educación, políticas de todo y para esto las políticas de ley de norma tienen que ser diplomáticas que hablan de inteligencia para persuadir y de cortesía gubernamental es decir un código sutil de dar a entender todo lo concerniente a una economía política de diferentes sociedades y sus diferentes conceptos para gobernar no afectando otras formas de gobierno pero si interactuando en todo ámbito tanto interno como externo de comercio, cultura y de ciencias tecnológicas y de innovación y de ciencias y humanidades. Hablemos un poco de la filosofía política de interacción de diferentes ideologías; es como una mesa redonda de debates sin violencias ni querella de ideas ni palabras en doble sentido ni queriendo decir una cosa para lanzar un critica indirecta esta misma es una filosofía griega de la Gloriosa Atenas para confundir y elevar al sabio político a la altura de un dios; pero cual es la **esencia de la filosofía política** o que acomete esta misma para que sustente a la tan variada gama de lo político; la filosofía política es un suvenir es la Elite del consagrado al ideal del servicio y sacrificio como el ungüento que elimina fricciones y que refresca y además enaltece la hermandad, así es la filosofía política es un arma de dos filos y el que juega con ella juega con fuego como le paso al filosofo Sócrates al desafiar al Estado Ateniense politeísta con su filosofía monoteísta pero no es necesario llegar a tal sacrificio por la verdad como Sócrates por que excedió sus capacidades de disertación y de defensa por la verdad así que todo tiene un limite menos el Universo, así que se necesita un compendio y una organización organizacional apolítica es decir la imparcialidad y a esto se le llama ética moralista o **la razón de la disertación del Político,** la base es el continuo dialogo y la disertación para entrenar la parte del cerebro humano en una reflexión inconsciente, es decir no necesitas elaborar escritos detallados y que además son tediosos sino que en la misma lluvia de ideas al conferenciar tu elocuencia de ideas es inconsciente con grados de dirección consciente o sea tu diriges tu conferencia de disertación con el objetivo que tu le quieras dar o como veas a tu publico receptor para una mejor aprovechamiento de los oyentes o **sabiduría para que no gastes tu saliva** y esta es la gran enseñanza de la Grecia Antigua y sus Pensadores de Elite; y si lo quieres revolucionar sacando tu propia técnica y filosofía de enseñanza emula a los grandes disertadores y filósofos griegos Atenienses y Espartanos de filosofía bélica existencialista, es decir para entablar una política y establecerla siempre habrá inconformidades y querellas y para solucionar este foco rojo de falta de acuerdos y de comprensión mutua esta la ética moralista o la esencia de la filosofía Política pues son tres fases **a) Ética moralista; b) Filosofía Política; c) Política Aplicada**: Hablando de Horda, Clan y Tribu, esto es toda una gama de metamorfosis que solamente las puedes seguir a través de la historia universal del Globo Terráqueo desde las formas mas primitivas de vida como las células proteicas coloidales hasta el Homo Sapiens Sapiens en la Luna y conquistando la ultima frontera de la humanidad el Espacio Sideral. **a) Ética Moralista** es un método de reflexión basado en la contemplación de la madre naturaleza y en el suvenir de que si hay armonía de belleza y por cuanto es abstracta y definible es aplicable al genero humano siendo esta consiente o humana o inconsciente o animal irracional y se expande sabiéndolo o no sabiéndolo es decir en esta ultima un ser humano plenamente feliz en la inconsciencia de que lo es y por lo tanto al morir nunca lo supo; por eso en la ética moralista esta la reflexión del por que actuar y el por que dar valor a la vida, y bueno cuando no se tiene esta herramienta esta la aplicación del Mundo del Deber Ser o el por que debemos actuar con el sentido de moral en un deber imperativo de preservación de las bases de sustento de la sociedad gobernada; no es con llevadero dar explicación del todo y del todo por que hacemos las cosas pero basta con afectar e influir de una manera positiva al pueblo gobernado y sobre todo darle libertad de ejecución de preparación en pocas palabras cambiarle la mentalidad a la sociedad a base de libertad de expresión y de reflexiones en mesas redondas y además de explicarles y loarles sus aciertos asi como sus errores de juicio en razón de reflexión; esto es evolución ideológica de una sociedad por la libertad **""Aprendamos del Gran Pensador Jesús de Nazaret en San Juan 8: 32 Y conocerán la verdad y la verdad los hará libres""** o sea libres de que si en aquellos tiempos la gente vivía libre físicamente y la prole era once a quince hijos, Jesús de Nazaret se refiere a la cárcel mental de ignorancia, tabús, falta de perdón, amarguras, envidias, querellas, y vicios consuetudinarios entre un millón mas de cárceles mentales, es decir la libertad proviene del ser feliz con lo que se tiene para de ahí sea el trampolín para mejorar todo en nuestras vidas como la economía hasta las relaciones familiares, esto es la ética moralista o libertad del alma o psicológica por eso vemos que naciones cristianas protestantes de los continentes Europeo y Americano son polis muy prosperas no por la bendición de dios, eso son paradigmas sino es por la libertad mental que la Biblia les ha otorgado a través de las centurias pues no es lo mismo edificar un edificio en la oscuridad que en la luz y del por que se hacen las cosas. La libertad se da en la **naturalidad y espontaneidad y la conciencia** que son tres fases de base para la ética moralista pues es donde se concibe la felicidad para el Estado y para la Sociedad por que se esta viendo con suma claridad o sea se esta viendo ya la sociedad en su punto culmine evolutivo o la Republica de Platón como sociedad Imperialista de una Monarquía Divina. **b) Filosofía Política** es la cohesión y punto de cocción del termino medio donde la imparcialidad de filosofía esta asentando las bases para el punto culmine de la **Filosofía Aplicada** confiriéndole el matiz de abstracta y de mística o su objetivo de ejecución estableciendo las bases o los rieles del protocolo que llevara para su desempeño, así es; la base es la **ética moralista** sobre la cual se finca la **Filosofía política y la Política aplicada** como la filosofía política de Demócrito y el átomo hipotético hasta que se hizo este teorema de ley y ahora es la Energía atómica y nuclear o la política aplicada. *La tres fases de la filosofía política son:* **a) Base de reflexión o razonamiento; b) Idea de aplicación hipotética real o imaginativa; c) Candado de ejecución**, para establecer una base de acto para la Política aplicada. **a) Base de reflexión o razonamiento** es la necesidad imperante de dar una solución de viabilidad o de equitativo y justo a una solución donde ya se sobre entienden las bases éticas y de responsabilidad para derechos y obligaciones. **b) Idea de aplicación Hipotética o imaginativa** una vez con el veredicto y su factibilidad de proceso se debe de comprobar legislando en un sentido de ida de jurisprudencia aplicable en un porcentaje de tres constantes de equiparidad de acto delinquiente con una o más variables de inconsistencia racional del occiso. **c) Candado de Ejecución** en tiempo y espacio y perdurabilidad por lo transcendente de su aplicación de tomarse como una norma de ley (hasta lo caducable de su declinación). **c) Política Aplicada** es la consecución de actos y edictos metódicamente desde su generalidad de imagen hasta su generalidad de legislo de leyes, el Estadista es todo un arsenal desde conocimiento científico en su generalidad de base hasta el Mundo del Deber Ser y el Mundo del Ser del mundo de derecho o sea verdaderos lideres capaces de sostener y hacer evolucionar a sus sociedades gobernadas para una metamorfosis de Estado y Sociedad de factibilidad de éxitos y grandes resultados. **La sociedad** es el conjunto de Estado y gobernados o sea es la maquinaria junto con sus aceites y lubricantes y la maquina de un automóvil, pero analicemos a la sociedad en sus tres faces evolutivas sociales. **a) sociedad Primitiva evolutiva de adaptación; b) Sociedad de herramientas de proveedor; c) Sociedad de aplicación de ciencia e innovaciones científicas. a) Sociedad Primitiva evolutiva de adaptación** o de sus primeros principios donde impero la fuerza bruta para imponer

orden y libertad impuesta por la misma sociedad y función que
después paso al Estado Abstracto en responsabilidad de
autoridad y de protección de la sociedad gobernada. La
conciencia fue tan primitiva que el cuidado era para los mas
fuertes como las manadas de leones y lo que hizo evolucionar a
esta sociedad primitiva fueron los pensadores, ancianos de tribus,
magos, astrologas, chamanes, sabios, ocultistas, místicos y
pensadores revolucionarios de todos los tiempos en el método de
los dichos populares y de los razonamientos filosóficos y
silogismos de lógica verbal y de razonamiento escrito en sus
comparaciones de falso o verdadero pero estamos halando de
milenios y que la primera ciencia innovada fue la empírica. **b)
Sociedad de Herramientas de Proveedor** es donde la sociedad
se hace sedentaria y debido a la contemplación metafórica de
vida y trabajo y momentos de esparcimiento revoluciona y mejora
su calidad de vida a través de la reflexión innovando en la
gastronomía, herramientas de cultivo, Artes, ciencias físico
matematices empíricas primitivas de calculo y manifiesta su
supremacía de inteligencia sobre las bestias irracionales trayendo
como consecuencia su manutención alimentaria en lo
manifestado al ganado. **c) Sociedad de aplicación de ciencia e
innovaciones científicas** una vez mamado el conocimiento de la
contemplación de la naturaleza por la capacidad del Homo
Sapiens Sapiens de la abstracción de lo intangible surge la
maquina capaz de hacer el trabajo de cien bestias de carga de
quinientos kilos cada una pues simplemente el ser evolutivo
humano imagina y por lo tanto calcula y transmite la visión del
sueño como Julio Berne de el viaje de La Tierra a la Luna, o el
primer transporte aéreo que durante centurias fue el coco de
muchos filósofos y que después de tres milenios de reflexión,
ciencia y conocimiento es ya una realidad como el taxi espacial
de la NASA Independencia transbordador espacial y ahora que la
humanidad ya sabe que no hay limites para la ciencia estamos
ante el mas grande desafió y reto de la humanidad racional saber
el Origen de La Vida lo que muchos llamaron magia ahora se
llama conocimiento científico de frontera de ciencia o milagros. **Es
así que la sociedad** solo necesita aceites y combustibles
hablando de política y de economía y de una continúa innovación
en todas las disciplinas científicas y filosóficas y de cálculo

administrativo de razonamiento o razonamiento matemático económico. **La sociedad no activa** es un musculo que sin el debido ejercitamiento económico desaparece en sus tres ámbitos económico, político y social; **a) flujo de efectivo económico; b) Política de aplicación de flujo de efectivo económico; c) Resultados de sociedad conforme y estable económicamente hablando.** *a) flujo de efectivo económico* que es meramente inyectar dinero a la economía para fortalecer los sectores económicos con mayor fuerza activa de movimiento de dinero para ramificar y atacar sectores de la sociedad que puedan ingresar al giro económico de flujo de efectivo a través de bienes y servicios que brinden a la sociedad; urbanizando la zona en condiciones precarias de infraestructuras en general. *b) Política de aplicación de flujo de efectivo económico* que debe plantearse con estrategia y táctica por orden de prioridades del Estado y de la sociedad para no desproteger los bienes y servicios ya infraestructurados en otros sectores económicos de la sociedad. *c) resultados de sociedad conforme y estable económicamente hablando* con las mínimas condiciones de bienes y servicios y artículos de primera necesidad reciclándose continuamente y esto habla de una sanidad económica de continuo flujo de efectivo de una sana economía de proyección. **El trabajo conjunto** del Estado y sociedad en la simbiosis de dependencia es magnánima y no es una labor fácil de aplicar en el plano del Mundo del Ser por los intereses personales de particulares, Instituciones, Políticos, clérigos, empresarios, emporios capitalistas, políticas económicas, e inversiones capitalistas extranjeras etc. Por eso el trabajo conjunto del Estado y Sociedad y la conciliación de intereses económicos donde todos salgan beneficiados pero principalmente los socios capitalistas por que traen oportunidades de desarrollo para una nación asi que a quien le gustaría regalar su dinero visto desde el plano real y crudo de la sociedad que no regala ni un centavo de Dólar, por que los empresarios lo tiene que hacer; basta con que traigan desarrollo de infraestructura económica y de apoyo social a la población, y si el gobierno de esta nación no levanta el flujo de efectivo económico en la nación pues evitar impuestos y aranceles a estos emporios como las trasnacionales en todo el mundo y el ejemplo lo tenemos en La China comunista lo gente trabaja diario ahí cual día santo y cual semana inglesa si la gente se esta muriendo de hambre y pandemias como en África; la religión tuvo su objetivo pero ahora es tiempo de trabajar y de establecer lazos diplomáticos primeramente y después lazos de hermandad basados en la lealtad económica. Este tomo III trata de establecer las bases de una hegemonía mundial de economía de apoyo entre pueblos del mundo; si Japón es una superpotencia en electrónica y telecomunicaciones caramba apoyémoslo con enseres alimenticios a bajo costo de mayoreo de trueque y por que hablar del bloque capitalista y del bloque comunista o de los Tigres Asiáticos o de La Comunidad Europea o del TLC USA, CANADA Y MEXICO cuando Oriente quiere estrechar lazos de hermandad; que acaso no corre sangre roja por las venas de un pigmeo de Australia también y si tenemos diferencias que importan, llegara un momento en el que toda la humanidad sera una raza; actualmente no hay razas puras y esto es una utopía, el mundo de razas humanas esta mas mesclado que los siete mares; y si USA sobrevive a un hecatombe nuclear mundial como única nación se repoblaría el mundo de nuevo y se repetiría el siclo nuevo de la Hecatombe nuclear pero esta ves se aniquilaría el mundo totalmente, donde esta la razón de tanta perfección y de Súper Tecnologías y de la medicina y de legislar en contra del aborto; **""y que del juramento de Hipócrates""**. Se ensalzo tanto a Sócrates, Platón y Aristóteles y para que; y el feminismo y la lucha de los derechos de las mujeres como congénere del hombre en igualdad de derechos y mas aun de plebedayes a la mujer por que además se los merece y para que tanta lucha por los derechos humanos, y los cristianos y religiosos paganos como los Tibetanos enquistados todos estos paganos y cristianos en sus templos esperando la quinta resurrección del Dios Sol de los Egipcios y mientras el mundo se va por la coladera un maya indígena Mesoamericano comerciando especies con el Alto Egipto; que bien mundo de Estadistas y Gobernadores de Legislos, cuando una madre muere de inanición y su vástago recién nacido también, **¿ Donde Esta La Razón Y La Verdad Y La Justicia?.** Y vemos a unos dementes de Green Peace salvando ballenas y luchando por la vida y la justicia y aborreciendo la demencia de un mundo egocéntrico y egoísta que prefiere un peso en la bolsa que el abrazo de un amigo y la sonrisa de un niño y ver cada día el Sol de la mañana y dar gracias a la madre naturaleza y a nuestras madres terrenales por habernos parido; pero somos incapaces de reverenciar a la VERDAD por eso un humilde carpintero se echo el paquete de hacerse Dios Omnipotente y tener el valor y los tamaños de decirle al mundo antiguo están perfectamente equivocados; puede mas un **""Te Amo que un Te Odio""** **""Y Mas Bienaventurado Es Dar Que recibir""**. Este es el Mundo del Deber Ser que nos puede llevar hasta la cruz y derramar nuestras entrañas como el cordero inmolado en el mundo del Ser y causar una hecatombe de revolución espiritual o del psique humano de un hijo doblando sus rodillas ante sus venerables ancianos que le dieron la vida **""HONOR""** Y **""HONRRA""**, fue necesario tocar este tema. En la sociedad la sinergia debe de darse objetivamente. El mundo del Deber Ser y el mundo del Ser coadjuntando conjuntamente con la economía, política y sociedad es la ensalada de toda la información del Estado transmitida a la sociedad desde programas televisivos, noticieros, programas de la vida animal, programas de cocina, películas de romanticismo, acción, ciencia ficción etc, es decir todo esto debe de estar relacionado y de tener un objetivo para el Estado gobernante y aun para la sociedad misma por que es una proyección de la misma sociedad; la religión tubo su objetivo en pasadas épocas así como el Arte que fue engrandecer al ser humano para después pasar al punto el Hombre es su Dios mismo y dueño de su destino capaz de cambiar su propio destino o brillar con luz propia y afectar a su generación, hemos visto que una unidad mínima de composición social puede afectar a una nación o al mundo desde lo particular hasta lo general y viceversa nada mas que este proceso es mucho mas sistemático, metódico y muy complejo, el Estado debe alimentar el animo de la sociedad gobernada a traces de un poema de amor y de dedicación por su doncella la sociedad y este mismo Estado debe vestirla y educarla y de unirse a ella para procrear descendencia y cada ves hijos mas fuertes y entendidos así como fuertes y si y solo si de esta manera se logra el éxito de la civilización humana mundial a través del sentido común, la objetividad y la conciencia común de mutuo cuidado, es ineludible no hablar de amor cuando se habla de la sinergia de objetividad es como regar todos los días las plantas de un hogar pues es una labor tediosa pero su recompensa es la alegría que nos proporcionan las plantas y las flores y todo tiene su recompensa y su labor; me cuesta mucho trabajo no aludir a la Biblia y a Jesús de Nazaret pero este ejemplar ser humano de otro planeta dejo un mensaje para la humanidad y no es el cielo o el infierno sino ""**La Conciencia**"" sin la cual se extravía la nave en altamar como la brújula; la conciencia es la base de un acto duro o placentero, amargo o insípido y etc pero siempre hay que afrontar nuestros actos por eso la tan dura lección de Jesús de Nazaret ""**El Que Me Quiera Seguir; Sígame**"" y así es la sociedad tiene que seguir a un líder y este líder es el Estado por eso joven puberto de legislo tienes una gran responsabilidad al aceptar o ganarte un cargo político publico y no es nada mas ocupar un escritorio o emblemar un símbolo nacional como mandatario, muchos murieron por la Tierra y Libertad para que la injusticia siga siendo el pan de cada día; la labor del legislo es ardua y de detalle pero no te preocupes no todos nacimos sabiendo caminar así que yo te propongo que seas un artista que diseña sobre los sueños y come la suave brisa del los océanos y vuela con las águilas; haciendo castillos en las nubes de justicia e igualdad donde el zapatero bolea los zapatos de su líder y donde la abuelita aconseja a un cenador y las canas de los ancianos brillan como la plata y lo caballeros dorados dan sus vidas en sacrificio por los niños de las calles y la dama aristócrata de la sociedad con su pompa y su pañuelo venda las heridas de un herrero y en el camino el buen samaritano besa a un judío y el judío hace una ofrenda de amor y jura lealtad a la verdad y todos como pueblos mundiales danzamos las danzas de reconciliaciones del amor y del perdón como alemanes y judíos, ingleses y africanos, españoles y etnias indígenas mesoamericanas latinas; no hay imposibles y todo es posible lo dijo el humilde carpintero soñador e inmaduro e idealista amante de la verdad. Podría dar soluciones económicas y grandes legislaciones de política y de política económica pero ante una ancianita que te dice hijo, o un can que te mueve la cola o una mariposa que destella luz de colores con los rayos del sol en su ponencia; que decir: Mas que gracias a la vida y todo esto compendie al Ente social llamado sociedad o pueblo gobernado. La estabilidad de una nación es el equilibrio de todas las variables que se pudieran presentar con sus debidos sistemas de prevención de riesgos tanto económicos, políticos y sociales en la sinergia del Estado. Así que otro punto de estabilidad para el Estado y su sociedad es la información que esta llaga a la nación; información como: Desastres naturales, guerras y desacuerdos económicos, crisis económicas mundiales, hambres, pandemias, avances de tecnologías de punta en frontera de conocimientos científicos tanto en ciencias y humanidades como en físico científicos matemáticos de energía potencial atómica y sus innovaciones; si sobre estos temas tópicos se innovara la televisión y medios masivos de información no solo tendríamos una sociedad preparada sino que aportaría soluciones a su Estado y su problemática social y de gobierno siendo un semillero de promesas en todo ámbito como deportes, juegos de mesa como el ajedrez, competencias de conocimiento, proyectos de investigaciones científicos; y no es necesaria la ayuda económica para esto pues basta con que la sociedad este motivada por el Estado y este consiente dicha sociedad que el bienestar de la nación es trabajo conjunto de todos como pueblo unificado en la carta magna de nuestras constituciones políticas como diferentes formas de gobierno; por ende se sabe que esta sociedad prosperara y el exterminio de la lepra que putrefacta a la sociedad que es la impunidad y la corrupción. Par que una sociedad hablando también de su Estado funcione se necesita que las vías económica, políticas y sociales estén libres de obstáculos de viabilidad de conciliación de intereses tanto para gobernados como para gobernantes por que fallando una de estas partes se comienza a colapsar el sistema de ""**PODER**"" de una nación y entendido como poder de defensa militar, poder de desarrollo económico, poder de gobernabilidad social, poder de desarrollo de infraestructura, poder de educación, poder de sanidad y restructuraciones económicas, poder en todo ámbito y sentido de la nación y de su sociedad de Estado, así que esto es un trabajo de equipo los ciudadanos pagando impuestos y el Estado reciclando la economía con los impuestos mas la sociedad aportando ideas de solución a la problemática del país cualesquiera que sea esta y es así como el musculo social en ves de enfermar o de atrofiarse se fortalece y muta en un Estado Social cada ves mas desafiante ante las incertidumbres de la vida y de las condiciones naturales por las cuales el Homo Sapiens Sapiens se une y agrupa para fortalecerse y vencer y prevalecer como sociedad de espacie evolutiva regida por una ley que esta misma estableció o la ley del orden y la mutua cooperación dentro de la misma sociedad y su Estado. Así que el mundo del Deber Ser deja de existir en lo etéreo de un Dios o dioses y se convierte en una moral de convicción de donde parte que el ser humano es responsable de cada acto físico así como abstracto de él mismo para dar paso a la buena actitud y tolerancia en el mundo del Ser tanto para gobernados como para gobernantes dando paso a la interdependencia al decir yo necesito de ti y tu necesitas de mi; pero esta dependencia es mejor cuando hay nobleza de desinterés de acto por propia convicción en la ética moralista, no olvidemos que todo ser en lo conjunto y en lo particular maneja una filosofía de política para dar una política aplicada tanto en lo gubernamental como en lo familiar de padres e hijos así que este mundo del Deber Ser es la base y fundamento del mundo del Ser y el mundo del Ser es fundamento del Estado y su sociedad o de la Sociedad de Estado y como toda maquinaria esta necesita de mantenimiento continuo en lo económico, político y social por que la sociedad de Estado es en un cien porciento activa y en esa actividad esta el cambio en sus tres facetas piramidal económico, político y social. El mundo del Ser es evaluativo y concede derecho de audiencia a lo establecido y a la razón de donde la razón es de mayor fuerza concediendo a lo etéreo de la jurisprudencia tanto en un acto particular e individual ciudadano de ley así como de un grupo étnico o mas complejo que por su grado de dificultad letarga su dictamen de jurisprudencia de ley; mientras que lo institucional o apolítico difiere de todas las corrientes pensadoras y se sustenta sobre la balanza de la justicia blanca imparcial. La mutua cooperación y el movimiento hace que la lepra de la impunidad y la corrupción desaparezca dando lugar a la conciencia individual y de grupo por la obtención de resultados satisfactorios pero mientras estos no se den la inconformidad social buscara su propia supervivencia habiendo cierto tipo de anarquía de gobernabilidad como el pueblo haciendo justicia por sus propias manos o lo que llamamos para tener controlado a un pueblo como fiestas, religión y vino, así que es bueno siempre buscar válvulas de escape para la sociedad mientras a esta no se le pueda ayudar o esta misma no se deje ayudar; los empresarios de un país y sus socios capitalistas no son los responsables del bienestar socio-político-económico de una nación pues estos solo buscan incrementar sus capitales por interese muy propios de ellos y particulares así que la labor de los Estadistas de Legislo es favorecer a estos empresarios y socios capitalistas del la nación cualesquiera que sea esta por la sencilla razón de que económicamente son los que dan de comer al proletariado y sus capitales son de origen particular no de origen Estatales ni gubernamentales hablando de justicia empresarial si queremos justicia social del proletariado pero todo debe caber en el buen juicio legislativo; por ejemplo si favoreciendo a los empresarios en un quinientos porciento se favorece a la población de proletariado un cien porciento esto es negocio por que es la proyección de una sociedad en todos sus ámbitos pues siempre ha habido cabeza y una cola pero preferible ser cola viva y alimentada que cola seca y muerta de hambre; lamentablemente la moral a través de los tiempos se fue perdiendo para dar lugar a lo de mas viable aunque no correcto y menos apropiado por la premura con la que se vive la vida de los siglos XIX, XX, XXI y ya no es lo mismo. Pero estos últimos tres siglos por los avances tecnológicos han tenido mutaciones en sus ámbitos sociales y del Estado y sus efectos y consecuencias secundarias son inevitables y también son parte del progreso a todo nivel para desarrollar una Súper-Sociedad Nitchesiana del Súper-Hombre o Súper-autoestima de decir que no necesitamos tener confianza en un ídolo o en un Dios o dioses abstractos para sentirnos fuertes, desafiantes y seguros pero los razonamientos estoicos de silogismos de paradigmas nos hacen crear dioses en nuestras imaginaciones de justicia y de verdad mismo que los pueblos religiosos paganos y cristianos no viven y que además han caído en las utopías del humanismo religioso como ayudas humanitarias para calmar sus sentidos de culpas y de remordimientos de conciencias. En el pasado mientras mas fanáticas religiosas fueron las naciones antiguas mas farsistas religiosas y racistas fueron estas cayendo en el genocidio como las cruzadas y querellas púnicas legendarias pero estos fueron otros tiempos de pobreza y de ignorancia y de falta de diálogos pues si Emiratos Árabes Unidos quieren ser Musulmanes esta bien pero el respeto al derecho ajeno es la paz; y ya, y si la India idolatra los orines del ganado y se baña con ellos la cabeza esta bien nada mas que se las laven antes de una reunión de negocios; es decir nadie puede negar el amor a una divinidad pues representa el mundo de su Deber Ser y eso con todo respeto es un motivo puro y sagrado de respeto y de amor por la vida pues son principios de alto valor moral y de respeto como lo dijo Jesús de Nazaret en la parábola del Buen Samaritano ""**El que uso de misericordia fue su prójimo... Ve Tu y haz lo mismo**"". OH ¡!! Si El Gran Maestro y su osadía de inspiración para desafiar y para enseñar de cuan grandes mensajes esta conformado esta reliquia que es la Biblia. De la tormenta aprendemos que no se origina sin causa y de la paz aprendemos que hay que prevenir para mantenerla aprendiendo de nuestros errores. Así que seguimos con el dedo sobre el renglón ""**El Perdón**""; no por que sea divino sino por que es el sustento de lo económico, lo político, y lo social por que en todo ello intervienen las relaciones interpersonales o el recurso Humano y bueno en los animales irracionales lo practican e interactuando con otras especies sino cuando hay una derrama de petróleo en los mares abiertos La Ex Unión Soviética e Israel y USA combinan tecnologías para limpiar los mares por que de ahí proviene el alimento para el ochenta porciento de la humanidad incluyendo a estos es decir somos enemigos pero contra un enemigo monstruoso en común que es el hambre no unimos y lo vencemos; por esto pasa lamentablemente cuando el barco se esta hundiendo y la humanidad se une y lo que pasa es que solamente son orgullos de raza y de superioridad tecnológica pero esto ultimo significa aniquilamiento de la humanidad y si hay una guerra mundial de arsenal nuclear la destrucción del Planeta Tierra con su flora y fauna en totalidad. Hablemos del Capital económico para una S.A. de C.V, es decir de capital variable y creciente, esto refiere a que todo tiene un crecimiento bajo bases firmes y de experiencia solida y en base a estos dos puntos anteriores se solidifica todo tipo de inversiones teniendo en claro que el recurso humano es de estabilidad optima bajo el criterio del perdón o de amplitud de criterio para hacer llevaderas las relaciones en un emporio que es para provecho de patrones y asalariados; y solamente así es como se debe invertir en una empresa para solamente solo así arriesgar las inversiones en el flujo del mercado económico a través de una estrategia de promoción de mercancía o de servicios incursionando en el mercado; esto fue lo que hizo Japón y lo que ahora esta haciendo China; el giro económico mundial lleva un giro en ascenso y lo único que hay que hacer es aprovechar la fuerza de ese giro a nuestro favor utilizando su fuerza económica para inyectarle capital a nuestras empresas o sociedad; es decir todo esta fincado sobre las finanzas y su proyección de enriquecimiento **común** en el que todos ganamos y no precisamente para esto deber ser una comuna o sociedad cooperativa; lo que enseña la historia es que siempre debe haber una cabeza u órgano rector con su consejo de accionistas o de legisladores para una nación o de sabios Yen en el caso de un monasterio Shaolin es decir el arte de la guerra económica estando preparados para situaciones inciertas y de riesgo; y para el reposo de la bonanza de nuestros capitales disfrutándolos; es decir todo en esta sociedad mundial es un negocio siendo capitalistas de negocio a nivel micro o macro o a nivel internacional con otras naciones o siendo socialistas vendiendo supertecnologias a otras naciones por insumos comestibles como China así que entre mas sea sana la economía el movimiento económico beneficiara no solo a la sociedad de una nación sino a muchas naciones; así que la inyecciones de capitales socialistas o capitalistas se debe de hacer siempre por que lo peor que se puede hacer es ver como se derrumba el edificio, en la economía social es muy sencillo pues solo hay que enseñar a la sociedad a invertir su dinero; negocios e intercambios de productos sobran pero la sociedad no sabe como calcular el valor de una mercancía, **¿Cómo persuadir a la sociedad a la concientización del valor de insumos?** Mediante el juego del aprendizaje dinámico objetivo y de cultura de atavismos culturales como pueblo o nación desde sus primeros orígenes (Psicología de la cultura de una nación); por ejemplo hablemos de lo Nórdicos fueron conquistadores esto es igual a emprendedores, trabajaron en grupo esto es igual a juegos de mesa y a planeación, se organizan solos esto es igual a tener iniciativa propia y como resultado conciencia del bien común como nación donde la clase mayoritaria social es la clase media económica y donde la clase burguesa y Aristócrata son minoría junto con la clase económica pobre; ahora hablemos de los Anglosajones, temerarios esto es igual arriesgar en una ultima oportunidad su porvenir por completo, calculadores mas la anterior cualidad es éxito o victoria es decir calculan el riesgo y ven una ínfima oportunidad de ganar y lo logran, individualistas de apoyo a otros comunes por velar sus propios intereses o sea inteligencia mas lo anterior da igual a conciencia de realidad de la sociedad mundial para que su estirpe sobreviva, Alemanes; fríos y calculadores de plena conciencia de paz esto es igual a la innovación de lo abstracto en cuanto a ciencias físico matemáticas y nuevas tecnologías de fronteras, protocolarios y solemnes esto es igual a superioridad de raza y de conmiseración del prójimo por estos mismos, seriedad esto es igual a que con ellos no se juega en ningún sentido; y todo esto da resultado como el Edén científico tecnológico evolucionando continuamente; y así sucesivamente pues no todos podemos ser cabeza o no todos podemos ser en esta sociedad mundial mano u ojos o la cabeza no puede correr sin los pies que es la mano de obra del proletariado, es decir; el que una sociedad salga adelante es de un trabajo conjunto en equipo, o habrá la vendedora de frituras Doña Cholle que vende sus gorditas en la construcción de albañiles y diariamente Doña Cholle vende sus mil pesos diarios pero subsana un sector de la economía donde lleva el alimento a los albañiles junto con sus refrescos evitando costos de transporte para los albañiles y perdidas de tiempo por los traslados mas aun evitar accidentes por las premuras de los tiempos de desayunos, comidas, y una que otra garnachita entre comidas para matar a la lombriz; es decir en el bien común esta el sentido común y en el sentido común esta la conciencia así que fijando cálculos económicos en el bienestar de un grupo social o de una sociedad se fija la prosperidad económica a corto, mediano y largo plazo. Para un empresario tal ves no vea sus rendimientos en vida pero a lo largo de sus descendientes de tres generaciones podrá incrementar su capital sobre lo que ya tiene en totalidad un mil porciento, como decir invertir en minas que por experiencia se sabe que en esa zona abrupta hay mercurio, plutonio, plata, oro, sílice mas hierro y tardan diez años en llegar a los yacimientos pero en esos diez años infraestructuraron a un pequeño grupo social y de ahí esta su mano de obra no solo de una generación sino de generaciones de por vida con la capacidad de esta microempresa de abarcar los principales yacimientos de minerales del mundo por la experiencia de la primera microempresa aprendida así como de su manejo del recurso humano y su manejo de grupo. La economía es un valor que nunca debe ser subestimado ni menos cavado si algo aprendemos de las religiones paganas y cristianas lo que mas cuidan es el recurso económico y su austera administración por eso estos grupos religiosos tienen gran éxito en sus expansiones religiones a lo largo del mundo y si hubiera alienígenas en Mercurio los pasarían por cloro para que se asemejaran a un caucásico Anglosajón con tal de que cooperaran con su diezmo que no es bíblico para los gentiles cristianos y que solamente fue para los judíos del antiguo testamento, así que estimados pubertos del legislo aprendamos de los Maquiavelo Tibetanos, musulmanes, Budistas y cristianos y bueno lo único que les hace falta a estos emporios de lavado de cerebros es institucionalizarse como la Única y bien llamada Sagradas Inquisiciones vendiendo indulgencias por carisias y sonrisas y el patrimonio de sus familias, nada mas que aquí el Estado y su sociedad secular deben de administrar las ayudas sociales y dar el pescado y enseñar a su sociedad o sociedades a obtener o a saberse ganar la vida o a saber pescar el pez para su propia subsistencia; la utopía de las sociedades es la utopía de la guerra y la utopía de la guerra es para el bien común cuando se trataba de arcos y flechas pero con lo cohetes termonucleares de destrucción masiva ya no se necesita la fuerza del tronco y brazos para lanzar una flecha que mata a uno sino con la delicadeza de un dedo meñique se oprime un botón y se aniquila medio planeta Tierra, Increíble, ¡¡¡No!!!, y esto es la evolución de la sociedad mundial, no para destruirse, ya mucho se ha hablado del fin del mundo y para evitar estos esta la combinación de supertecnologias Japonesas, Chinas, Inglesas, Americanas, Alemanas e Israelíes y la fuerza bruta de trabajo de África, Latín América e Indonesias ""**La realidad**"" cruda y severa. El que en el Globo Terráqueo se eliminen fronteras es una utopía pues esto significa la emigración de las razas autóctonas cobrizas a los bloques del Norte por mejores condiciones de vida lo que significaría la despoblación del bloque sur del Planeta Tierra y la falta de fuerza productiva de mano de obra o sea un caos mundial derivando en una anarquía de gobierno mundial. Ya ves joven puberto de legislo que en lo multidisciplinario que sea tu preparación esta el éxito de tu sociedad gobernada y por ende la supremacía te coronara con la perfección y la excelencia. En la sociedad primitiva fue la **fuerza bruta**; En La sociedad media fue la **osadía**; en la sociedad moderna es y será la **inteligencia**. Éxito; te espera una descomunal preparación, así como una labor para su desempeño normal.